COMPTABILITÉ GÉNÉRALE ET MARCHÈS

DISPOSITIONS SPÉCIALES

AUX

COMPTES-MATIÈRES

(MODELES)

Volume mis à jour à la date du 21 avril 1924.

CHARLES-LAVAUZELLE & Cie

Éditeurs militaires

PARIS, Boulevard Saint-Germain, 124

LIMOGES, 62, Avenue Baudin | 53, Rue Stanislas, NANCY

Nº 27 bis.

COMPTABILITÉ GÉNÉRALE ET MARCHÉS

DISPOSITIONS SPÉCIALES

AUX

COMPTES-MATIÈRES

(MODÈLES)

Volume mis à jour à la date du **21 avril 1924.**

CHARLES-LAVAUZELLE & Cie
Éditeurs militaires
PARIS, Boulevard Saint-Germain, 124
LIMOGES, 62, Avenue Baudin | 53, Rue Stanislas, NANCY

<table>
<tr><td>

MINISTÈRE
DE LA GUERRE.

COMPTABILITÉ-MATIÈRES.

(1) Désigner l'établissement.

(2) Sous-intendant militaire, Sous-directeur, Commandant de l'artillerie, Chef du génie, Chef de l'établissement *ou* Médecin-chef.

</td><td>

1)

SERVICE

(1)

</td><td>

N° 356
de la nomenclature
des imprimés.

MODÈLE A.

—

Art. 60 de l'Instruction du 30 décembre 1902.

</td></tr>
</table>

REGISTRE-JOURNAL

Commencé le   19   .

Terminé le   19   .

Le présent registre renfermant   feuillets, celui-ci compris. a été coté et paraphé par nous (2)

A   , le   19   .

INSTRUCTION POUR LA TENUE DU REGISTRE-JOURNAL.

I. — Les pièces justificatives des entrées et des sorties sont inscrites au registre-journal suivant l'ordre chronologique des faits. Elles reçoivent un numéro d'ordre d'après leur rang d'inscription sur ce registre. La série des numéros d'ordre est unique pour les opérations à charge et à décharge du service courant et de la réserve de guerre, elle se continue du 1er janvier au 31 décembre.

II. — Col. 2, 3 et 9. On porte dans la colonne 2 la date de l'établissement de toutes les pièces d'entrées et de sorties.

Les sorties sont inscrites au journal à cette date. Dès que le comptable a reçu le récépissé délivré par le réceptionnaire, il en inscrit la date dans la colonne 3, et c'est sous cette date que l'opération est portée au compte de gestion. Il inscrit, pour mémoire, dans la colonne 9, la date à laquelle le récépissé lui est parvenu.

Pour les entrées, on indique également dans la colonne 3 la date de la prise en charge par le comptable, et c'est sous cette date que l'opération est portée au compte de gestion.

III. — Col. 1, 2, 3 et 6. Si le récépissé d'une expédition ou d'une livraison faite avant le 31 décembre n'est donné que l'année suivante, l'expéditeur en porte la date dans la colonne 3, comme le prescrit l'article II ci-dessus, mais il inscrit, en outre, sommairement l'expédition sous un nouveau numéro dans le journal de l'année dans laquelle le récépissé a été délivré. Il porte dans la colonne 6 la mention : Expédition (ou livraison) faite   190   , sous le n°   , il inscrit dans les colonnes 2 et 3 la date de la sortie et celle du récépissé et c'est sous cette dernière date que l'opération est portée au compte de gestion de l'année courante.

IV. — Col. 7 et 8. Dans la colonne 7, on indique les quantités entrées. On porte dans la colonne 8 les quantités sorties. Si, à l'arrivée à destination d'un matériel expédié, il est constaté entre la facture d'expédition et les quantités reconnues une différence imputable à l'expéditeur et si, par suite, le récépissé délivré ne concorde pas avec la facture, les inscriptions de la colonne 7 sont rectifiées à l'encre rouge et mention est faite dans la colonne 9 de la date du procès-verbal qui a motivé la rectification. Cette mention est signée par l'autorité chargée de la surveillance de la gestion.

V. — Le registre-journal est certifié par le gestionnaire le 31 décembre de chaque année et visé par le chef de service.

Il est passé un trait à l'encre au-dessous du certifié de fin d'année ou de gestion, et les écritures de la nouvelle année ou de la nouvelle gestion commencent immédiatement au-dessous de ce trait, de telle sorte qu'il n'y ait jamais de lignes en blanc entre les écritures de deux années ou de deux gestions consécutives.

Il est procédé de même en cas de mutation de comptable à la date de la remise du service.

VI. — Les grattages et surcharges sont formellement interdits.

Les rectifications faites par rature en interligne ou par renvoi, doivent être certifiées par le comptable et approuvées par l'autorité chargée de la surveillance de la gestion.

NOMS ET GRADES des COMPTABLES.	DATES		OBSERVATIONS.
	de LA REPRISE du service.	de LA REMISE du service.	

| NUMÉROS DES PIÈCES justificatives. | DATES | | NUMÉROS de la NOMENCLATURE par unité | | DÉTAIL des OPÉRATIONS. | QUANTITÉS | | OBSERVATIONS. |
	de l'établissement des pièces.	de la prise en charge (entrées) ou du récépissé du réceptionnaire (sorties).	sommaire	détaillée		entrées.	sorties.	
1	2	3	4	5	6	7	8	9

| NUMÉROS DES PIÈCES justificatives | DATES | | NUMÉROS de la NOMENCLATURE par unité | | DÉTAIL | QUANTITÉS | | OBSERVA- |
	de l'établissement des pièces.	de la prise en charge (entrées) ou du récépissé du récep tionnaire (sorties).	sommaire	détaillée	des OPÉRATIONS.	entrées.	sorties.	TIONS.
1	2	3	4	5	6	7	8	9

<table>
<tr><td>

MINISTÈRE
DE LA GUERRE.

COMPTABILITÉ-MATIÈRES

(1) Mention à porter seulement sur l'expédition du compte.
(2) Désignation de l'établissement.
(3) Sous-intendant militaire, Sous-directeur, Commandant de l'artillerie, Chef du génie, Chef de l'établissement *ou* Médecin-chef.

</td><td>

ANNÉE 19 . (1)

SERVICE DE

(2) .

Place de

M. , comptable.

M. , comptable.

M. , comptable.

</td><td>

N° 357
de la nomenclature générale des imprimés.

MODÈLE B

Art. 58 de l'instruction du 30 décembre 1902, modifiée le 17 mai 1917 (*B. O.*, p. 1368).

</td></tr>
</table>

COMPTE DE GESTION

PRÉSENTANT LES ENTRÉES ET LES SORTIES DES MATIÈRES.

Le présent compte, renfermant feuillets, celui-ci compris, a été coté et paraphé par nous (3)

A , le 19 .

NOMS ET GRADES des comptables.	DURÉE de la GESTION.	NOMBRE DE PIÈCES À L'APPUI.	CAUTIONNEMENT.	OBSERVATIONS.
M.	du au	pièces n° à n°	Quotité : Nature : Date de la réalisation : (1)	
M.	du au	pièces n° à n°	Quotité : Nature : Date de la réalisation :	
M.	du au	pièces n° à n°	Quotité : Nature : Date de la réalisation :	

En cas de mutation de comptable, on indique, dans la colonne « Observations » le motif de la mutation (retraité, décédé, nommé à une autre gestion, etc.),

(1) S'il n'y a pas de cautionnement, mettre « Néant » et indiquer dans la colonne « Observations » la disposition en vertu de laquelle le comptable en a été dispensé.

INSTRUCTION SUR LA TENUE DU COMPTE DE GESTION

I. *Dispositions générales.* — 1° Le compte de gestion est tenu en simple expédition ; les opér ons du service courant et celles de la réserve de guerre y sont inscrites distinctement ;

2° Un compte spécial y est ouvert pour chaque unité simple, en suivant l'ordre des numér de la nomenclature ;

3° Tous les articles inscrits au registre-journal doivent être immédiatement reportés au comp de gestion, à l'exception des sorties pour cause de livraison ou d'expédition de matériel. Ces sorti ne sont inscrites au compte de gestion qu'après que le comptable a reçu le récépissé du réceptio naire. Elles y sont portées sous la date de ce récépissé, à la suite de la dernière inscripti faite et sans qu'on doive se préoccuper des interversions qui peuvent se produire au compte gestion, soit dans les dates, soit dans les numéros des pièces justificatives. Les objets détachés q l'on ajoute ou que l'on retire des unités collectives, au fur et à mesure des mouvements, sont inscrits a dessous de la désignation de ces unités (colonnes 1 à 7).

4° Le libellé des écritures doit être clair et précis, sans grattages ni surcharges. En cas rature, la partie biffée doit demeurer lisible ;

5° La minute du compte de gestion peut servir pendant plusieurs années. Elle peut être divis en plusieurs volumes dont chacun est renouvelé suivant les besoins, ainsi que dans le cas pré au dernier alinéa de l'article 59 de l'instruction.

6° Lorsque la minute du compte de gestion doit durer plusieurs années, on y ajoute le nombre nécessa de fouilles de recensement, de feuilles de récapitulation et de feuilles pour l'inscription des résultats d vérifications ministérielles.

II. *Ouverture et clôture du compte.* — Le compte de gestion est ouvert au 1er janvier chaque année et il est clos le 31 décembre.

Le comptable y inscrit immédiatement (au service courant et à la réserve de guerre) la repri de l'inventaire au 31 décembre précédent (quantité et valeur). Cette inscription est provisoiremer faite au crayon et elle n'est passée à l'encre qu'après que l'expédition du compte de gestion de l'année précédente a été vérifiée et arrêtée par l'autorité chargée de la surveillance locale.

En cas de mutation de comptables au cours de l'année, il est procédé comme il est indiqué ci-après :

Après avoir inscrit toutes les opérations relatives à sa gestion, y compris les entrées et les sorties résu tant des différences de quantités ou de classement, et celles prescrites lors de la remise du service, le compt ble sortant totalise à l'encre rouge les colonnes de la reprise d'inventaire, d'entrées et de sorties (servi courant et réserve de guerre) en regard du titre : « Remise de service ». La balance est également port à l'encre rouge dans les colonnes des existants (S. C. et R. G.).

Le comptable entrant inscrit à la suite les entrées et sorties effectuées par lui et les ajoute, en fin d'ann aux totalisations à l'encre rouge de la remise du service sans tenir compte des quantités inscrites par se prédécesseur.

Pour les numéros détaillés qui n'ont pas subi de mouvements, le comptable entrant se borne à ajout après la reprise d'inventaire au 1er janvier précédent les mots : « et de service ».

Les directeurs locaux, chefs d'établissements ou sous-intendants militaires chargés de la vérification d comptes veillent tout particulièrement à l'exactitude des arrêtés et des reprises.

III. *Totalisation du compte de gestion.* — Après inscription de toutes les opérations terminée au 31 décembre, le compte de gestion est totalisé par numéro d'unité détaillée ou collective. Le quantités portées à la reprise d'inventaire sont ensuite totalisées avec celles des entrées.

La différence entre le total des deux colonnes « reprise d'inventaire et entrées » et le total des « sorties est portée (S. C. et R. G.) distinctement dans la colonne « existant au 31 décembre ». Le prix de nomencla ture, indiqué dans la colonne 16, est appliqué au total des existants au 31 décembre.

En ce qui concerne les unités collectives, le prix de nomenclature est également indiqué (colonne 16), ma le décompte est celui des existants réels.

En outre, en fin d'année, on fait figurer dans la colonne « Observations », sous le titre : « Objet en plus ou en moins », les objets en excédent ou en déficit à chaque numéro d'unité collective, ave leurs valeurs totalisées et balancées, de façon à expliquer la différence que présente la valeu réelle du matériel existant, portée dans les colonnes 17 et 19, avec la valeur des unités complète d'après le prix de la nomenclature.

Les décomptes sont totalisés par chapitre. Les totaux des chapitres sont récapitulés à la fi du compte, pour faire ressortir la valeur totale, au 31 décembre, des existants et de la reprise d'in ventaire.

IV. *Vérification du compte de gestion.* — La production, la vérification, l'arrêté et l'envoi au Ministre du compte de gestion ont lieu suivant les prescriptions des articles 62, 63 et 64 du décret et de l'instruction, les feuilles de rectification adressées au comptable demeurent annexées au compte.

N° 358
de la nomenclature
générale.

Constatation des recensements effectués (1).

DATES.	RÉSULTATS SOMMAIRES DES RECENSEMENTS.

(1) En principe, tout le matériel doit être recensé chaque année (art. 17 du décret du 26 décembre 1902). Lorsque le recensement n'a porté que sur une partie du matériel, l'expédition du compte de gestion doit mentionner la date et le numéro de l'autorisation ministérielle en vertu de laquelle la durée normale du recensement total a été prolongée, la période (deux ou trois ans) sur laquelle peut s'étendre l'opération et reproduire, outre les recensements faits dans l'année, ceux effectués l'année précédente (période de deux ans), ou pendant les deux années précédentes (période de trois ans).

NUMEROS de la NOMENCLATURE par unité		DÉTAIL des MATIÈRES, EFFETS et objets.	UNITÉ RÉGLEMENTAIRE.	NUMÉROS DES PIÈCES.	DATES DES OPÉRATIONS.	DÉTAIL des OPÉRATIONS.	QUAN[TITÉS]				TITRES.				PRIX DE L'UNITÉ.	VALEURS. Valeur du total de chaque unité détaillée.				OBSERVA- TIONS.
							SERVICE COURANT.				RÉSERVE DE GUERRE.					SERVICE COURANT.		RÉSERVE DE GUERRE.		
sommaire.	détaillée.						Reprise d'inventaire.	Entrées.	Sorties.	Existant au 31 décembre.	Reprise d'inventaire.	Entrées.	Sorties.	Existant au 31 décembre.		Existant au 31 décembre.	Reprise d'inventaire.	Existant au 31 décembre.	Reprise d'inventaire.	
1	2	3	4	5	6	7	8	9	10	11	12	13	14	15	16	17	18	19	20	21

RÉCAPITULATION GÉNÉRALE.

*Valeur comparée du matériel existant au 31 décembre 19   ,
et au 31 décembre 19   .*

DÉSIGNATION des CHAPITRES.	COTE DU FEUILLET donnant la totalisation du chapitre.	SERVICE COURANT.		RÉSERVE DE GUERRE.		OBSERVA-TIONS.
		Au 31 décembre 19 .	Au 31 décembre 19 . (Reprise d'invent⁰⁰)	Au 31 décembre 19 .	Au 31 décembre 19 . (Reprise d'invent⁰⁰)	
1	2	3	4	5	6	7
TOTAUX............						

(2)   CERTIFIÉ véritables les écritures ci-dessus.

A   , le   19   .

(1)

(1) Le Comptable *ou* l'Officier d'administration comptable.

(2) En cas de mutation, le comptable sortant inscrit et signe la mention suivante :

« Certifié véritables les inscriptions faites au présent compte du   au   . »

(3) Sous-intendant militaire *ou* Directeur.

Vu, vérifié et arrêté par nous (3) qui certifions que les quantités portées au présent compte comme reprise d'inventaire (col. 8 et 12) sont égales à celles qui étaient inscrites au compte précédent (col. 11 et 15), comme existant au 31 décembre.

A   , le   19   .

RÉSULTATS DE LA VÉRIFICATION MINISTÉRIELLE.

Les erreurs et omissions relevées dans le compte de gestion de l'année 19   et dont le détail suit, n'ayant pu être rectifiées dans ledit compte, donneront lieu aux entrées et aux sorties indiquées ci-dessous, dans le compte de gestion de l'année 19   , savoir :

RECTIFICATIONS A EFFECTUER (ENTRÉES).							RECTIFICATIONS A EFFECTUER (SORTIES).						
Numéros de la nomenclature par unité.		Numéros des pièces justificatives.		DÉTAIL des rectifications.	QUANTITÉS à porter en entrée.		Numéros de la nomenclature par unité.		Numéros des pièces justificatives.		DÉTAIL des rectifications.	QUANTITÉS à porter en sortie.	
sommaire.	détaillée.	d'entrée.	de sortie.		S. C.	R. G.	sommaire.	détaillée.	d'entrée.	de sortie.		S. C.	R. G.
1	2	3	4	5	6	7	8	9	10	11	12	13	14

RECTIFICATIONS A EFFECTUER (ENTRÉES).							RECTIFICATIONS A EFFECTUER (SORTIES).						
Numéros de la nomenclature par unité		Numéros des pièces justificatives		DÉTAIL des rectifications.	QUANTITÉS à porter en entrée.		Numéros de la nomenclature par unité		Numéros des pièces justificatives		DÉTAIL des rectifications.	QUANTITÉS à porter en sortie.	
sommaire.	détaillée.	d'entrée.	de sortie.		S. C.	R. G.	sommaire.	détaillée.	d'entrée.	de sortie.		S. C.	R. G.
1	2	3	4	5	6	7	8	9	10	11	12	13	14

A Paris, le 19 .

Pour le Ministre et par son ordre :

Le *Directeur,*

MINISTÈRE
DE LA GUERRE.

COMPTABILITÉ-MATIÈRES
—

DIRECTION DE
—

° BUREAU.

ANNÉE 19 .

SERVICE

MODÈLE B¹
(spécial au corps
de troupe).

Art. 58 de l'instruction du 30 décembre 1902.

D

Corps :

stationné à

COMPTE DE GESTION [1]

portant inventaire, au 31 décembre 19 , du matériel appartenant à l'État et mis gratuitement à la disposition dudit corps.

---

(1) Le compte de gestion est supprimé pour les corps de troupe. (Instruction du 18 janvier 1916, Volume 74.)

d

SERVICE

d

PLACE

Désignation
de
l'établissement. {

REGISTRE DU MATÉRIEL PRÊTÉ.

Le présent registre contenant   feuillets, celui-ci compris,
a été coté et paraphé par nous (1)   employé
à

A   , le   19 .

NOTA. — Une case y est ouverte pour chaque prêt.

Quand le matériel prêté a été réintégré dans les magasins de l'Etat, la case qui s'y rapporte est barrée par un trait diagonal.

La valeur du matériel constatée au moment de la délivrance doit toujours être inscrite dans la colonne 11.

Si le matériel est réintégré dans un magasin autre que celui qui l'a délivré, il est fait mention, dans la colonne 15, du magasin qui l'a reçu.

MODÈLE C.

Art. 58 de l'instruction
du 30 décembre 1902.

DATES des AUTORISATIONS ministérielles	DÉSIGNATION DES PARTIES PRENANTES à qui le matériel est prêté	MATÉRIEL PRÊTÉ. Numéros de la NOMENCLATURE PAR UNITÉ sommaire.	détaillée.	DÉSIGNATION.	UNITÉ réglementaire.	DÉLIVRANCE. Numéros DES PIÈCES.	DATES.	QUANTITÉS.	PRIX.	MONTANT en argent.	RÉINTÉGRATION. Numéros DES PIÈCES.	DATE.	QUANTITÉS réintégrées ou remboursées par les détenteurs.	OBSERVATIONS.
1	2	3	4	5	6	7	8	9	10	11	12	13	14	15
				SERVICE COURANT.										
				RÉSERVE DE GUERRE.										

MINISTÈRE
DE LA GUERRE.

COMPTABILITÉ-MATIÈRES

ANNÉE 19

MODÈLE D.

(Modifications du 17 mai
1917, *B. O.*, p. 1368.)

SERVICE D

RÉSUMÉ GÉNÉRAL

présentant, par chapitre de la nomenclature, et distinctement pour le service courant et pour la réserve de guerre, la valeur du matériel existant au 31 décembre, ainsi que le montant en deniers de la reprise d'inventaire au 1er janvier de la même année.

Numéros d'ordre des comptes de gestion.	DÉSIGNATION		Numéros d'ordre des comptes de gestion.	DÉSIGNATION		Numéros d'ordre des comptes de gestion.	DÉSIGNATION	
	des places et établissements.	des comptables.		des places et établissements.	des comptables.		des places et établissements.	des comptables.

NUMÉROS DES CHAPITRES de la nomenclature.	DÉSIGNATION DES DÉTENTEURS du matériel.	NUMÉROS D'ORDRE des comptes de gestion.	VALEURS.				OBSERVATIONS.
			SERVICE COURANT.		RÉSERVE DE GUERRE		
			Existant au 31 décembre.	Reprise d'inventaire.	Existant au 31 décembre.	Reprise d'inventaire.	
I	Denrées, matières de consommation et de transformation.						
	Etablissements militaires....	1					
		2					
		3					
	Totaux....	....					
	Corps de troupe	....		....		....	
	Prêts	....		....		....	
	Existant dans les ateliers...	....		....		....	
	Armées en campagne........	....		....		....	
	Total général des existants...	....		....		....	
II	Récipients pour denrées et..................,.........						
	Etablissements militaires....	1					
		2					

NUMÉROS DES CHAPITRES de la nomenclature.	DÉSIGNATION des détenteurs du matériel.	NUMÉROS D'ORDRE des comptes de gestion.	VALEURS.				OBSERVATIONS.
			SERVICE COURANT.		RÉSERVE DE GUERRE.		
			Existant au 31 décembre.	Reprise d'inventaire.	Existant au 31 décembre.	Reprise d'inventaire.	

Certifié véritables les écritures ci-dessus.

A Paris, le   19

Le Chef du bureau,

Vu :
Le Directeur,

Modèle E.

(Modifications du 17 mai
1917, *B. O.*, p. 1368.)

COMPTE GÉNÉRAL

DU MATÉRIEL DE LA GUERRE |POUR L'ANNÉE 19

TABLEAU I. — *Valeur, au 31 décembre 1916,*
en compte dans les établissements des existants du matériel de la guerre
et en dehors des établissements

DÉSIGNATION DES CHAPITRES des nomenclatures du matériel.	SERVICE COURANT.							RÉSERVE DE GUERRE.							OBSERVATIONS.
	MATÉRIEL en compte dans les établissements. Valeur des existants au 31 décembre 1916.	MATÉRIEL en dehors des établissements. Montant de l'inventaire, au 31 décembre 1916. En dépôt dans les corps de troupe.	Prêté.	Dans les ateliers	Aux armées en campagne.	TOTAL.	VALEUR totale du matériel du service courant au 31 décembre 1916 (col. 2 et 7).	MATÉRIEL en compte dans les établissements. Valeur des existants au 31 décembre 1916.	MATÉRIEL en dehors des établissements. Montant de l'inventaire au 31 décembre 1916. En dépôt dans les corps de troupe.	Prêté.	Dans les ateliers		TOTAL.	VALEUR totale du matériel de la réserve de guerre au 31 décembre 1916 (col. 9 et 14).	
1	2	3	4	5	6	7	8	9	10	11	12	13	14	15	16

I. — Service des vivres.

Chapitre I⁰ʳ. — Unités collectives.............															
Chapitre II. — Denrées et matières de consommation et de transformation															
Chapitre III. — Récipients pour...................															
Chapitre IV. —															
TOTAUX...........															

II. — Service d...

Chapitre I⁰ʳ................															
Chapitre II................															
Chapitre III................															
TOTAUX...........															

RÉCAPITULATION PAR SERVICE.

NUMÉROS D'ORDRE DES SERVICES.	DÉSIGNATION des SERVICES.	SERVICE COURANT							RÉSERVE DE GUERRE.							OBSERVATIONS.
		MATÉRIEL en compte dans les établissements.	MATÉRIEL en dehors des établissements. Montant de l'inventaire au 31 décembre 1916.					VALEUR totale du matériel du service courant au 31 décembre 1916 (col. 3 et 8).	MATÉRIEL en compte dans les établissements.	MATÉRIEL en dehors des établissements. Montant de l'inventaire au 31 décembre 1916.					VALEUR totale du matériel de la réserve de guerre au 31 décembre 1916 (col. 10 et 15).	
		Valeur des existants au 31 décembre 1916.	En dépôt dans les corps de troupe.	Prêté.	Dans les ateliers	Aux armées en campagne.	TOTAL.		Valeur des existants au 31 décembre 1916.	En dépôt dans les corps de troupe.	Prêté.	Dans les ateliers		TOTAL		
1	2	3	4	5	6	7	8	9	10	11	12	13	14	15	16	17
I	Vivres.................															
II	....															
	Totaux.........															

TABLEAU II. — *Valeur comparée du matériel de guerre existant au 31 décembre 1916 et au 31 décembre 1915.*

DÉSIGNATION des chapitres des nomenclatures du matériel.	VALEUR DU MATÉRIEL EXISTANT tant dans les établissements qu'en dehors des établissements.									
	Service courant				Réserve de guerre				Différences (service courant et réserve de guerre)	
	au 31 décembre 1916.	au 31 décembre 1915.	Différence au 31 décembre 1916 en plus.	en moins.	au 31 décembre 1916.	au 31 décembre 1915.	Différence au 31 décembre 1916 en plus.	en moins.	en plus.	en moins.
1	2	3	4	5	6	7	8	9	10	11
	Fr.	Fr.	Fr.	Fr.	Fr.	Fr.	Fr.	Fr.	Fr.	Fr.
I. SERVICE DES VIVRES.										
Chapitre Ier. — Unités collectives.....										
Chapitre II. — Denrées et..										
....										
Chapitre III. —										
....										
TOTAUX.....			En :				En :		En :	
II. SERVICE D........										
Chapitre Ier. —										
Chapitre II. —										
....										
....										
....										
....										
....										
TOTAUX.....			En :				En :		En :	

TABLEAU II (suite). — *Récapitulation par service.*

NUMÉROS D'ORDRE DES SERVICES.	DÉSIGNATION des services.	VALEUR DU MATÉRIEL EXISTANT tant dans les établissements qu'en dehors des établissements.									
		Service courant				Réserve de guerre				Différences (service courant et réserve de guerre)	
		au 31 décembre 1916.	au 31 décembre 1915.	Différence au 31 décembre 1916 en plus.	en moins.	au 31 décembre 1916.	au 31 décembre 1915.	Différence au 31 décembre 1916 en plus.	en moins.	en plus.	en moins.
1	2	3	4	5	6	7	8	9	10	11	12
		Fr.	Fr.	Fr.	Fr.	Fr.	Fr.	Fr.	Fr.	Fr.	Fr.
I	Vivres.........										
II	Chauffage et éclairage.........										
	TOTAUX.....			En :				En :		En :	

CORPS D'ARMÉE
ou
DIVISION d

—

PLACE

d

Désignation
de
l'établissement.

SERVICE COURANT
ou
RÉSERVE DE GUERRE

SERVICE

N° 361
de la nomenclature.

MODÈLE N° 1.

Art. 48 (§ VI) de l'instruction du 30 décembre 1905.

REGISTRE DES RÉCÉPISSÉS COMPTABLES.

Commencé le

Fini le

Le présent carnet, contenant   feuillets, celui-ci non compris,
a été coté et paraphé par nous (1),

                    A   , le   19   .

(1) Sous-intendant militaire pour les
services de l'intendance et, pour les
autres, Sous-directeur, Commandant
de l'artillerie, Chef de l'établissement,
Chef du génie ou Médecin-chef.

SOUCHE DU REGISTRE

CORPS D'ARMÉE
ou
DIVISION d

PLACE

d

N° d'enregistrement au journal des comptes-matières

* feuillet du registre à souche.

SERVICE COURANT
ou
RÉSERVE DE GUERRE

SERVICE

SOUCHE DU REGISTRE
DES RÉCÉPISSÉS.

ENTRÉE.

N° 361
de la
nomenclature.

MODÈLE N° 1.

Reçu de   le   19 .

NUMÉROS de la CLASSIFICATION		DÉNOMINATION des MATIÈRES ET OBJETS.	UNITÉ RÉGLEMENTAIRE.	QUANTITÉS (en chiffres).	QUANTITÉS (en toutes lettres).	OBSERVATIONS.
sommaire.	détaillée.					
1	2	3	4	5	6	7

COMPTABILITÉ - MATIÈRES * DE * LA * GUERRE

TALON

CORPS D'ARMÉE
ou
DIVISION d

PLACE

d
à

N° d'enregistrement au journal des comptes-matières

* feuillet du registre à souche.

SERVICE COURANT
ou
RÉSERVE DE GUERRE

SERVICE

Désignation de l'établissement

TALON
DU RÉCÉPISSÉ COMPTABLE.

ENTRÉE.

N° 361
de la
nomenclature.

MODÈLE N° 1.

(1) M..., en exécution de son marché en date du...
ou
par... pour réintégration de matériel prêté

L   comptable soussigné, certifie avoir reçu et pris en charge, à la date de ce jour, les quantités de matériel indiquées ci-dessous, versées par (1)

NUMÉROS de la CLASSIFICATION		DÉNOMINATION des MATIÈRES ET OBJETS.	UNITÉ RÉGLEMENTAIRE.	QUANTITÉS (en chiffres).	QUANTITÉS (en toutes lettres).	OBSERVATIONS.
sommaire.	détaillée.					
1	2	3	4	5	6	7

COMPTABILITÉ - MATIÈRES * DE * LA * GUERRE

RÉCÉPISSÉ

CORPS D'ARMÉE
ou
DIVISION d

PLACE

d

N° d'enregistrement au journal des comptes-matières

* feuillet du registre à souche.

SERVICE COURANT
ou
RÉSERVE DE GUERRE

SERVICE

Désignation de l'établissemen

RÉCÉPISSÉ

N° 361
de la
nomenclature.

MODÈLE N° 1.

COMPTABLE

(1) M..., en exécution de son marché en date du...
ou
par... pour réintégration de matériel prêté

ENTRÉE.

L   comptable soussigné, certifie avoir reçu et pris en charge, à la date de ce jour, les quantités de matériel indiquées ci-dessous, versées par (1)

NUMÉROS de la CLASSIFICATION		DÉNOMINATION des MATIÈRES ET OBJETS.	UNITÉ RÉGLEMENTAIRE.	QUANTITÉS (en chiffres).	QUANTITÉS (en toutes lettres).	OBSERVATIONS.
sommaire.	détaillée.					
1	2	3	4	5	6	7

NUMÉROS de la CLASSIFICATION		DÉNOMINATION des MATIÈRES ET OBJETS.	UNITÉ RÉGLEMENTAIRE.	QUANTITÉS (en chiffres).	QUANTITÉS (en toutes lettres).	OBSERVATIONS.
sommaire.	détaillée.					
1	2	3	4	5	6	7

CERTIFIÉ par l comptable soussigné.

Vu : A , le 19 .
Le (1)

Vu (2) :
Le Sous-Intendant militaire,

(1) Le Sous-directeur, le Commandant de l'artillerie, le Chef de l'établissement, le Chef du génie ou le Médecin-chef.
(2) Pour les services de l'intendance.

NUMÉROS de la CLASSIFICATION		DÉNOMINATION des MATIÈRES ET OBJETS.	UNITÉ RÉGLEMENTAIRE.	QUANTITÉS (en chiffres).	QUANTITÉS (en toutes lettres).	OBSERVATIONS.
sommaire.	détaillée.					
1	2	3	4	5	6	7

CERTIFIÉ par l comptable soussigné.

Vu : A , le 19 .
Le (1)

Vu (2) :
Le Sous-Intendant militaire,

(1) Le Sous-directeur, le Commandant de l'artillerie, le Chef de l'établissement, le Chef du génie ou le Médecin-chef.
(2) Pour les services de l'intendance.

COMPTABILITÉ - MATIÈRES * DE * LA * GUERRE

NUMÉROS de la CLASSIFICATION		DÉNOMINATION des MATIÈRES ET OBJETS.	UNITÉ RÉGLEMENTAIRE.	QUANTITÉS (en chiffres).	QUANTITÉS (en toutes lettres).	OBSERVATIONS.
sommaire.	détaillée.					
1	2	3	4	5	6	7

L soussigné certifie avoir opéré le versement des matières et objets mentionnés ci-dessus.
A , le 190 .

CERTIFIÉ par l comptable soussigné.

A , le 19

Vu :
Le (1)

Vu (2) :
Le Sous-Intendant militaire,

(1) Le Sous-directeur, le Commandant de l'artillerie, le Chef de l'établissement, le Chef du génie ou le Médecin-chef.
(2) Pour les services de l'intendance.

COMPTABILITÉ - MATIÈRES * DE * LA * GUERRE

COMPTABILITÉ-MATIÈRES DE LA GUERRE

Les factures à talon portant la mention service courant sont blanches; celles portant la mention réserve de guerre sont jaunes.

TALON (left form)

·CORPS D'ARMÉE
ou
DIVISION d
PLACE
d

SERVICE COURANT
ou...
RÉSERVE DE GUERRE.

SERVICE

D   Désignation
de
l'établissement.

N° 362
de la nomenclature.

MODÈLE N° 2.

Art. 48 (§ III) de l'instructions du 30 décembre 1902.

N°   d'enregistrement au journal des comptes-matières.

NOTA. Le présent talon, ayant uniquement pour objet de faciliter le contrôle administratif, n'est point soumis à la formalité du timbre.

(1) De son marché en date du
ou de l'ordre de
en date du

·SECTION DU BUDGET.

CHAP.   ART.

ENTRÉE.

*TALON de la facture des fournitures faites par M.   demeurant à
rue   n°   du
au   en exécution à (1)*

NUMEROS de la classification		NATURE DE LA DÉPENSE et dénomination des matières et objets.	Unité réglementaire	QUANTITÉS.	Prix de l'unité.	MONTANT en argent.	Observations.
sommaire.	détaillée.						
		A reporter......	.....	......	....		

FACTURE (right form)

·CORPS D'ARMÉE
ou
DIVISION d
PLACE
d

SERVICE COURANT
ou...
RÉSERVE DE GUERRE.

SERVICE

D   Désignation
de
l'établissement.

N° 362
de la nomenclature.

MODÈLE N° 2.

Art. 48 (§ III) de l'instruction du 30 décembre 1902

N°   d'enregistrement au journal des comptes-matières.

Déposé cejourd'hui et inscrit immédiatement, sous le n°   au registre spécial d'entrée des pièces de comptabilité.

A   le   19
Le (3)

(1) Cette formule n'est employée que pour des dépenses qui font l'objet de mandat directs.
Pour les fournitures acquittées sur mandats d'avances, il est fait usage des formules modèles n° 2 A et 2 B.
(2) De son marché en date du
ou de l'ordre de
en date du
(3) Grade et qualité de l'ordonnateur.

·SECTION DU BUDGET.

CHAP.   ART.

ENTRÉE.

*FACTURE (1) des fournitures faites par M.   demeurant à
rue   n°   du
en exécution de (2)   au*

NUMEROS de la classification		NATURE DE LA DÉPENSE et dénomination des matières et objets.	Unité réglementaire	QUANTITÉS.	Prix de l'unité.	MONTANT en argent.	Observations.
sommaire.	détaillée.						
		A reporter......	.....	......	....		

COMPTABILITÉ-MATIÈRES DE LA GUERRE

Left form

NUMÉROS de la classification		NATURE DE LA DÉPENSE et dénomination des matières et objets.	Unité réglementaire	QUANTI- TÉS.	Prix de l'unité.	MONTANT en argent.	Observations.
som- maire.	detail- lée.						
		Report.........					
		MONTANT total de la facture...........					

La présente facture montant à la somme to- tale de   certifiée véritable par le fournisseur soussigné.

A   le   19

Reçu et pris en charge les quantités ci-dessus.

A   , le   19   .

Vu :

Le (1)

L   comptable,

PAYEMENTS ET IMPUTATIONS.

	fr.	c.
La facture s'élève à la somme de........		
Il a été payé par acompte, suivant les mandats dont le détail suit :		
A , le n°.......		
A , le n°.......		
A , le n°.......		
A , le n°.......		
RESTE à ordonnancer pour solde........		

A déduire les imputations détaillées, recettes accidentelles à dif- férents titres....... dans l'ordre de reversement ci-an- nexé, dont le montant doit être versé au Trésor au titre des...... { reversements de fonds sur les dépenses des ministères }

SOMME NETTE à payer.............

Vu et VÉRIFIÉ la présente facture s'élevant à la somme totale de   de laquelle, déduisant les acomptes détaillés ci-dessus, il reste à ordonnancer la somme de   laquelle a été mandatée ce jour sous le n°   .

A   , le   19   .

Le (2)

(1) Sous-intendant mili- taire, Sous-directeur, Com- mandant de l'artillerie, Chef de l'établissement, Chef du génie ou Médecin-chef.
(2) Grade et qualité de l'ordonnateur secondaire.

Right form

NUMÉROS de la classification		NATURE DE LA DÉPENSE et dénomination des matières et objets.	Unité réglementaire	QUANTI- TÉS.	Prix de l'unité.	MONTANT en argent.	Observations.
som- maire.	detail- lée.						
		Report.........					
		MONTANT total de la facture...........					

Le soussigné certifie que le présent talon est con- forme à la facture dont il a été détaché et qui s'é- lève à la somme de

A   , le   19

Reçu et pris en charge les quantités ci-dessus.

A   , le   19   .

Vu :

Le (2)

(1)

L   comptable.

PAYEMENTS ET IMPUTATIONS.

	fr.	c.
La facture s'élève à la somme de....		
Il a été payé par acompte, suivant les mandats dont le détail suit :		
A , le n°.......		
A , le n°.......		
A , le n°.......		
A , le n°.......		
RESTE à ordonnancer pour solde........		
Les imputations dont le détail est joint à la facture s'élèvent à la somme de		
SOMME NETTE à payer		

(1) Signature du fournis- seur.
(2) Sous-intendant mili- taire, Sous-directeur, Com- mandant de l'artillerie, Chef de l'établissement, Chef du génie ou Médecin-chef.
(3) Grade et qualité de l'ordonnateur secondaire.

MODE DE PAYEMENT DU SOLDE.

Sur mandat n°   , délivré par le soussigné le   , confor- mément à la facture inscrite sous le n°   du registre spécial d'entrée des pièces de comptabilité de l'ordonna- teur.

Le (3)

SERVICE COURANT

ou

RÉSERVE DE GUERRE.

ᵉ CORPS D'ARMÉE

ou

DIVISION D   Copie.

N° 362 *bis*
de la nomenclature.

PLACE

SERVICE

MODÈLE N° 2 *bis.*

d   d

Art. 48 (§ III) de l'in-
struction du 30 dé-
cembre 1902.

N°   d'enregistrement
au journal
des comptes-matières.

Désignation
de
l'établissement.

Déposé cejourd'hui et
inscrit immédiatement sous
le n°   , au registre spécial d'entrée des pièces de
comptabilité.

(1) De son marché en
date du
ou de l'ordre de
en date du

ᵉ SECTION DU BUDGET

CHAP.   , ART.   .

A   , le   19   .

ENTRÉE.

Le

Signé ·

FACTURE

des fournitures faites par M.
demeurant à
du   *au*   *, en exécution*
de (1)

NUMÉROS de la CLASSIFICATION		NATURE DE LA DÉPENSE et dénomination DES MATIÈRES ET OBJETS.	UNITÉ RÉGLE-MENTAIRE	QUAN-TITÉS.	PRIX de L'UNITÉ.	MONTANT en ARGENT.	OBSERVATIONS.
sommaire.	détaillée.						
			A reporter................				

Les factures portant la mention *service courant* sont blanches; celles portant la mention
réserve de guerre sont jaunes.

NUMÉROS de la CLASSIFICATION		NATURE DE LA DÉPENSE et dénomination DES MATIÈRES ET OBJETS.	UNITÉ RÉGLEMENTAIRE	QUANTITÉS.	PRIX de L'UNITÉ.	MONTANT en ARGENT.	OBSERVATIONS.
sommaire.	détaillée.						
		Report....................					
		Montant total de la facture..................					

La présente facture montant à la somme totale de
certifiée véritable par le fournisseur soussigné.

     A   , le   19 .

      Signé :

  Vu :   Reçu et pris en charge les quantités ci-dessus
Le

     A   , le   19 .

Signé :   *L*   *comptable,*

       Signé :

PAYEMENTS ET IMPUTATIONS.

	fr.	c.
La facture s'élève à la somme de....................................		
Il a été payé par acompte, suivant les mandats dont le détail suit :		
A , le n°		
A , le n°		
A , le n°		
A , le n°		
Reste à ordonnancer pour solde..................		
A déduire : Les imputations détaillées dans l'ordre de reversement ci-annexé, dont le montant doit être versé au Trésor au titre des.......... (recettes accidentelles à différents titres............ reversements du fonds sur les dépenses des ministères...		
Somme nette à payer........................		

Vu et vérifié la présente facture s'élevant à la somme totale de
     de laquelle, déduisant les acomptes détaillés ci-dessus,
il reste à ordonnancer la somme de   laquelle a été mandatée
ce jour sous le n°

     A   , le   19 .

       Le

    Pour copie conforme : *Signé :*

       Le (1)

(1) Grade et qualité de
l'ordonnateur secondaire.

CORPS D'ARMÉE

ou

DIVISION D

—

PLACE

d

~~~~~~~~~~

N°   d'enregistrement au journal des recettes et des dépenses.

NOTA. — La quittance modèle n° 2 A ne doit être employée que pour les dépenses de 10 francs et au-dessous payées par les gestionnaires à l'aide des avances mises à leur disposition.

Lorsque ces dépenses sont mandatées directement au profit du créancier, il est fait application des dispositions de l'article 179 du règlement du 3 avril 1869.

SERVICE

d

—

Désignation de l'établissement. { •

—

e SECTION DU BUDGET.

—

CHAPITRE   , ARTICLE

—

QUITTANCE.

—

N° 496

de la nomenclature des imprimés.

MODÈLE N° 2 A.

—

Art. 48 (§ IX) de l'instruction du 30 décembre 1902.

REÇU, pour le payement de fournitures effectuées pour le compte du Département de la guerre, la somme de

A   , le   19

CERTIFIÉ le payement :

L   *comptable,*
~~~~~~~~~~

ENTRÉE.

Détail des fournitures.

NUMÉROS de la nomenclature par unité		NATURE DE LA DÉPENSE et dénomination DES MATIÈRES ET OBJETS.	UNITÉ RÉGLE-MENTAIRE	QUAN-TITÉS.	PRIX de L'UNITÉ.	DÉCOMPTE.
sommaire.	détaillée.					
		TOTAL ÉGAL......................				

Le soussigné certifie la réalité de la dépense et déclare avoir pris en charge les matières et objets détaillés ci-dessus, suivant bordereau récapitulatif n°

A , le 19 .

L *comptable.*

Vu et vérifié :

L (2)

ᵒCORPS D'ARMÉE
ou
DIVISION ᵈ

PLACE
ᵈ

Nᵒ   d'enregistrement
au journal des recettes
et des dépenses.

SERVICE
ᵈ

Désignation
de
l'établissement.

ᵉ SECTION DU BUDGET.

CHAPITRE   , ARTICLE

ENTRÉE.

Nᵒ 498
de la nomenclature
des imprimés.

MODÈLE Nᵒ 2 B.

Art. 48 (§ IX) de l'instruction du 30 décembre 1902.

Hauteur.............. 0,95
Largeur.............. 0,18

NOTA. — La facture modèle nᵒ 2 B est employée pour les dépenses au-dessus de 10 francs payées par les gestionnaires à l'aide des sommes mises à leur disposition.

FACTURE des fournitures faites par M.
demeurant à   , rue   nᵒ   , du
au   , en exécution de l'autorisation ᵈ
en date ᵈ

NUMÉROS de la CLASSIFICATION		NATURE DE LA DÉPENSE et dénomination DES MATIÈRES ET OBJETS.	UNITÉ RÉGLEMENTAIRE	QUANTITÉS.	PRIX de L'UNITÉ.	MONTANT en ARGENT.
sommaire.	détaillée.					

A reporter.....................

NUMÉROS de la CLASSIFICATION		NATURE DE LA DÉPENSE et dénomination DES MATIÈRES ET OBJETS.	UNITÉ RÉGLE-MENTAIRE	QUAN-TITÉS.	PRIX de L'UNITÉ.	MONTANT en ARGENT.
sommaire.	détaillée.					
		Report....................				
		Montant total de la facture.....				

La présente facture montant à la somme totale de
certifiée véritable par le fournisseur soussigné.

À   , le   19 .

Le   comptable soussigné certifie la réalité de la dépense
et déclare avoir pris en charge les matières et objets détaillés ci-dessus,
suivant bordereau récapitulatif n°

À   , le   19 .

Vu bon payer :

L (1)

Pour acquit de la somme ci-dessus.

À   , le   19 .

Vu et vérifié :

L (2)

(1) Sous-intendant militaire, Sous-directeur, Commandant de l'artillerie, Chef de l'établissement, Chef du génie *ou* Médecin-chef.

(2) Grade et qualité de l'ordonnateur.

MINISTÈRE
DE LA GUERRE.

COMPTABILITÉ-MATIÈRES

· CORPS D'ARMÉE.

—

PLACE

d

(1) Désignation de l'établissement.
(2) Sous-intendant, Sous-directeur, Commandant de l'artillerie. Chef de l'établissement, Chef du génie ou Médecin-chef.
(3) Modifié par l'erratum du 2 août 1905, *B. O.*, p. 1126.

SERVICE COURANT
ET
RÉSERVE DE GUERRE.

SERVICE

D

(1)

M.   , comptable.

N° 361 A
de la nomenclature.

MODÈLE N° 3 (3).

Art. 48 (§ IV *bis*) de l'instruction du 30 décembre 1902.

CARNET DE RÉCÉPISSÉS PROVISOIRES

Commencé le

Fini le

Le présent carnet, renfermant   feuillets, celui-ci non compris, a été coté et paraphé par nous (2).

A   , le   19   .

Tout matériel qui entre dans un établissement, par suite d'achat, est inscrit au présent registre (sauf pour les achats faits par le service des forges).

Les récépissés détachés de la souche sont remis immédiatement aux livranciers ou à leur représentant. Si cette remise ne peut avoir lieu séance tenante, les récépissés demeurent provisoirement attachés à la souche.

Les récépissés et les souches sont signés par le comptable ou son délégué.

Dans le cas où la réception définitive du matériel n'est pas prononcée au moment de son entrée en magasin et où, par suite de rejet, il est rendu ultérieurement au livrancier, en totalité ou en partie, la souche et le récépissé sont annulés ou modifiés, suivant le cas, par l'inscription au verso des quantités correspondantes sorties de l'établissement.

Quand une livraison comprend un grand nombre d'objets détaillés dans une facture qui les suit, on peut se borner à indiquer sommairement la réception et inscrire sur la facture le numéro du récépissé provisoire.

Feuillet n°

<table>
<tr><td colspan="3" rowspan="8"></td><td rowspan="24" style="writing-mode:vertical-lr">MINISTÈRE DE LA GUERRE.</td><td colspan="4" rowspan="8"></td></tr>
</table>

Numéro du récépissé provisoire.	Reçu le de DÉNOMINATION des matières et objets.	Quantités.		Numéro du récépissé provisoire.	Reçu le de DÉNOMINATION des matières et objets.	QUANTITÉS en chiffres.	QUANTITÉS en toutes lettres
Numéro et date du récépissé comptable (ou à défaut de la facture).							
Poids brut Tare..... Poids net.				Poids brut. Tare..... Poids net..			

❖❖❖ MINISTÈRE ❖❖❖ ❖❖❖ DE ❖❖ LA ❖❖ GUERRE. ❖❖❖

Numéro du récépissé provisoire.	Reçu le de DÉNOMINATION des matières et objets.	Quantités.		Numéro du récépissé provisoire.	Reçu le de DÉNOMINATION des matières et objets.	QUANTITÉS en chiffres.	QUANTITÉS en toutes lettres
Numéro et date du récépissé comptable (ou à défaut de la facture).							
Poids brut Tare..... Poids net.				Poids brut. Tare..... Poids net.			

❖❖❖ MINISTÈRE ❖❖❖ ❖❖❖ DE ❖❖ LA ❖❖ GUERRE. ❖❖❖

Numéro du récépissé provisoire.	Reçu le de DÉNOMINATION des matières et objets.	Quantités.		Numéro du récépissé provisoire.	Reçu le de DÉNOMINATION des matières et objets.	QUANTITÉS en chiffres.	QUANTITÉS en toutes lettres
Numéro et date du récépissé comptable (ou à défaut de la facture).							
Poids brut Tare..... Poids net.				Poids brut. Tare..... Poids net.			

COMPTABILITÉ-MATIÈRES DE LA GUERRE.

Left (Talon)

· CORPS D'ARMÉE. — **SERVICE COURANT** *ou* RÉSERVE DE GUERRE.

N° 363 de la nomenclature.

MODÈLE N° 4.

DIVISION d —

PLACE — D

Art. 48 (§ IX) de l'instruction du 30 décembre 1902.

Désignation de l'établissement. {

· SECTION DU BUDGET.

SERVICE

d

N° d'enregistre-ment au journal des comptes-matières.

CHAPITRE — . ARTICLE —

ENTRÉE.

TALON du bordereau récapitulatif des matières et objets achetés sans marché du au 19 , et des paye-ments effectués.

NUMÉROS de la classification		DÉNOMINATION des MATIÈRES ET OBJETS.	Unité réglementaire.	QUANTI-TÉS.	Prix de l'unité.	MONTANT en argent.	Observations.
som-maire.	détail-lée.						
					TOTAL		

, le 19 .

Le Comptable.

Right (Bordereau)

· CORPS D'ARMÉE. — **SERVICE COURANT** *ou* RÉSERVE DE GUERRE.

N° 363 de la nomenclature

MODÈLE N° 4.

DIVISION d —

PLACE — D

Art. 48 (§ IX) de l'instruction du 30 décembre 1902.

Désignation de l'établissement. {

· SECTION DU BUDGET.

SERVICE

d

N° d'enregistre-ment au journal des comptes-matières.

CHAPITRE — . ARTICLE —

ENTRÉE.

BORDEREAU RÉCAPITULATIF des matières et objets achetés sans marché du au 19 , et des payements effectués.

NUMÉROS de la classification		DÉNOMINATION des MATIÈRES ET OBJETS.	Unité réglementaire.	QUANTI-TÉS.	Prix de l'unité.	MONTANT en argent.	Observations.
som-maire.	détail-lée.						
					TOTAL		

A , le 19 .

Le Comptable.

COMPTABILITÉ-MATIÈRES DE LA GUERRE.

Récapitulation des factures et quittances.

DATES des PAYEMENTS.	NOM ET QUALITÉ des CRÉANCIERS.	MONTANT des PAYEMENTS.	OBSERVATIONS.
	Total égal.......		

Le présent bordereau, montant à la somme de
                        , certifié sincère et véritable

Vu et VÉRIFIÉ :

A   , le   19   .

Le (2)

Le (1)

Reçu et pris en charge les quantités portées d'autre part.

A   , le   19   .

Le   *Comptable,*

Vu et VÉRIFIÉ le présent bordereau s'élevant à la somme de   laquelle a été payée par le comptable au moyen des avances qui lui ont été délivrées.

A   le   19   .

Le (3)

(1) Sous-intendant militaire, Sous-directeur, Commandant de l'artillerie, Chef de l'établissement, Chef du génie ou Médecin-chef.

(2) Dans les services de l'artillerie et les poudres, l'agent spécial ; dans le service du génie, le gérant ; dans les autres, le comptable.

(3) Grade et qualité de l'ordonnateur.

Récapitulation des factures et quittances.

DATES des PAYEMENTS.	NOM ET QUALITÉ des CRÉANCIERS.	MONTANT des PAYEMENTS.	OBSERVATIONS.
	Total égal.......		

Le soussigné certifie que le présent talon est conforme au bordereau dont il a été détaché et qui s'élève à la somme de

A   , le   19

(1)

Reçu et pris en charge les quantités portées d'autre part.

A   , le   19

Le   *Comptable,*

MODE DE PAYEMENT.

Sur mandats d'avances, délivrés par le soussigné, le bordereau dont le présent talon est détaché a été mis à l'appui du bordereau n°   des pièces et quittances remises au payeur

Le (2)

Vu et VÉRIFIÉ :

Le (1)

(1) Sous-intendant militaire, Sous-directeur, Commandant de l'artillerie, Chef de l'établissement, Chef du génie ou Médecin-chef.

(2) Grade et qualité de l'ordonnateur.

CORPS D'ARMÉE
ou
DIVISION D

PLACE
d

N°   d'enregistrement D
au journal des
comptes-matières.

(1) De cession, de livraison ou d'expédition.
(2) Cédé, délivré ou expédié à
(3) Cession, livraison ou expédition.
(4) Les colonnes « réception » ne seront remplies que lorsque les différences constatées à l'arrivée seront mises à la charge de l'expéditeur, et lorsque le matériel, passant d'un service à un autre, change de numéro.

SERVICE COURANT
ou
RÉSERVE DE GUERRE.

SERVICE

Désignation de l'établissement.

FACTURE (1)

ENTRÉE.

FACTURE des matières et objets (2)
en exécution de l'ordre d

N° 365
de la nomenclature

MODÈLE N° 5.

Art. 48 de l'instruction du
30 décembre 1902.

NOTA. Dans le cas d'entrée sans dépenses en deniers, les colonnes du décompte ne doivent pas être remplies, et ce qui est relatif au remboursement est bâtonné.

| (3) | | DÉSIGNATION des MATIÈRES ET OBJETS. | UNITÉ RÉGLEMENTAIRE. | QUANTITÉS | PRIX DE L'UNITÉ. | MONTANT en argent. | RÉCEPTION (4). | | QUANTITÉS | OBSERVATIONS. |
| NUMÉROS de la CLASSIFICATION | | | | | | | NUMÉROS de la CLASSIFICATION | | | |
sommaire.	détaillée						sommaire	détaillée		
		TOTAL.........								

Les factures portant la mention *service courant* sont blanches; celles portant la mention *réserve de guerre* sont jaunes.

NATURE ET POIDS DES COLIS (1).		
NUMÉROS.	NATURE.	POIDS.

MATÉRIAUX D'EMBALLAGE. (Caisses, toile, ficelle, paille, clous, etc.)					
NUMÉROS de la CLASSIFICATION		DÉSIGNATION des MATIÈRES ET OBJETS.	UNITÉ RÉGLEMENTAIRE.	QUANTITÉS	OBSERVATIONS
sommaire.	détaillée				

La présente facture certifiée véritable par comptable expéditeur.

A   , le   19   .

Vu :

Le (4)

La vérification des matières et objets expédiés faite à l'arrivée dans la forme réglementaire (2)

l   comptable, déclare prendre en charge les quantités indiquées d'autre part (3)

A   , le   19   .

Vu :

Le (4)

(1) Ces colonnes ne seront remplies que dans le cas où l'expédition n'aura pas lieu par la voie des transports généraux.

(2) N'ayant fait ressortir aucune différence à mettre à la charge de l'expéditeur *ou* ayant fait ressortir les différences détaillées dans le procès-verbal de réception dont extrait est ci-joint, différences à mettre à la charge du comptable expéditeur.

(3) On ajoutera « à la réception » lorsque les colonnes comprises sous ce titre seront remplies.

(4) Sous-intendant militaire, Sous-directeur, Commandant de l'artillerie, Chef de l'établissement, Chef du génie *ou* Médecin-chef.

(5) Indiquer la section et le chapitre du budget sur lesquels a été imputé le versement au Trésor, l'ordonnance de virement ou l'état de changement d'imputation.

(6) Ordonnance de virement (*ou*) état de changement d'imputation nᵒ   en date du

(7) Grade et qualité de l'ordonnateur.

PAYEMENT (5).

ᵉ SECTION DU BUDGET, CHAPITRE   , ARTICLE

La somme de

montant de la présente facture, a été payée par versement au Trésor, fait à

le   19   , suivant récépissé nᵒ

(*ou*) par (6)

A   , le   19   .

Le (7)

e CORPS D'ARMÉE
ou
DIVISION D
—
PLACE
d

N° d'enregistrement
au journal
des comptes-matières.

(1) Indiquer les causes qui
motivent l'entrée, telles que :
Cession par le ministère de...
ou
Appels *ou* réquisitions or-
données le..... par.....
ou
Récoltes, produit des poly-
gones, des jardins, fouille des
buttes, etc.,
ou
Démolition des colis pendant
le ...trimestre 19..
ou
Excédents, boni, etc., constatés à l'épuisement d'une
meule, d'un approvisionnement
ou dans une vérification faite
le.... par.... ou par un recensement fait le.... suivant
procès-verbal rapporté le.....
par.....
ou
Fabrication, transformation,

SERVICE COURANT
ou
RÉSERVE DE GUERRE.

SERVICE
D

Désignation
de
l'établissement.

ENTRÉE.

CERTIFICAT ADMINISTRATIF.

Le comptable soussigné
déclare qu'il y a lieu de porter
en entrée les matières et objets
désignés ci-après, provenant
d (1)

N° 364
de la nomenclature.

MODÈLE N° 6.

Article 48 de l'instruction
du 30 décembre 1902.

confection *ou* démolition d....
ordonnée le..... par.... exécutée par économie pendant le
mois d.... (Voir pièce de sortie n°),
ou
Monture exécutée par économie *ou* par le sieur,.... suivant marché du,.. pendant le
mois d..... (Voir pièce de sortie n° .)

NOTA. — Quand l'entrée
a lieu sans dépense en deniers, les colonnes 6 et 7 ne
sont pas remplies. Toute-
fois, dans le service de l'artillerie, il est, s'il y a lieu,
établi un décompte dans
les conditions prévues par
l'article 74 de l'instruction
du 30 décembre 1902.

NUMÉROS de la CLASSIFICATION		DESIGNATION des MATIÈRES ET OBJETS.	UNITÉ RÉGLEMENTAIRE.	QUANTITÉS.	PRIX de L'UNITÉ.	MONTANT en ARGENT.	OBSERVATIONS.
sommaire.	détaillée						
1	2	3	4	5	6	7	8

A reporter..............

Les certificats portant la mention *service courant* sont blancs ; ceux portant la mention *réserve
de guerre* sont jaunes.

NUMÉROS de la CLASSIFICATION		DÉSIGNATION des MATIÈRES ET OBJETS.	UNITÉ RÉGLEMENTAIRE.	QUANTITÉS.	PRIX de L'UNITÉ.	MONTANT en ARGENT.	OBSERVATIONS.
sommaire.	détaillée.						
1	2	3	4	5	6	7	8
		Report......................					
		Total					

Le comptable prendra en charge les quantités portées ci-dessus.

A   , le   19   .

      L   *comptable,*

A   , le   19   .
    Le (1)

Reçu et pris en charge les quantités ci-dessus.

A   , le   19   .
    L   *comptable,*

Vu et VÉRIFIÉ :
    Le (1)

PAYEMENT (2).

SECTION DU BUDGET, CHAP.   , ART.   .

La somme de   montant du présent certificat, a été payée par versement au Trésor fait à
le   19   , suivant récépissé n°   ou par (3)

A   , le   19   .
    L (4)

(1) Sous-intendant militaire, Sous-directeur, Commandant de l'artillerie, Chef de l'établissement, Chef du génie *ou* Médecin-chef.

(2) Indiquer la section et le chapitre du budget sur lesquels a été imputé le versement au Trésor, le mandat de payement, l'ordonnance de virement ou l'état de changement d'imputation.

(3) Mandat de payement *ou* ordonnance de virement *ou* état de changement d'imputation en date du   , n°   .

(4) Grade et qualité de l'ordonnateur.

CORPS D'ARMÉE
ou
(1)

—

PLACE
d

N° d'enregistrement
au journal
des comptes-matières.

(1) Gouvernement militaire de... ou ° Région ou Division de...
(2) Ce certificat appuie la *sortie* et l'*entrée* du compte de gestion ; les versements de matériel avec dépréciation font l'objet de certificats CA distincts ne comprenant jamais d'autre matériel.
(3) Lorsque le certificat n'est pas décompté, on doit toujours en indiquer le motif dans la colonne « Observations ».(Circulaire du 24 août 1910).

RÉSERVE DE GUERRE

ET

SERVICE COURANT.

SERVICE

d

Désignation
du
l'établissement.

VERSEMENT DE LA RÉSERVE DE GUERRE

AU SERVICE COURANT

à charge de compensation par des opérations inverses et équivalentes effectuées par ailleurs corrélativement.

CERTIFICAT ADMINISTRATIF (2).

N° 374 C
de la nomenclature.

MODÈLE N° 6 A.

Art. 48 (§ XVII) de l'instruction du 30 décembre 1902.

L   comptable soussigné déclare qu'il y a lieu de porter en *sortie*, à la réserve de guerre, et en *entrée*, au service courant, les matières et objets désignés ci-après en exécution de l'ordre ministériel du   19   .

NUMÉROS de la classification		DÉSIGNATION des MATIÈRES ET OBJETS.	UNITÉ RÉGLEMENTAIRE.	QUANTITÉS.	PRIX D'UTILISATION de l'unité	MONTANT en argent.	OBSERVATIONS. (3)
sommaire.	détaillée.						
1	2	3	4	5	6	7	8
		A reporter...................					

Cette formule est établie sur papier vert.
Dans les corps de troupe, la mention du numéro d'enregistrement au journal des comptes-matières est remplacée par la suivante : Numéros d'enregistrement au registre des entrées et des sorties : ... aux entrées, ... aux sorties

NUMÉROS de la classification		DÉSIGNATION des MATIÈRES ET OBJETS.	UNITÉ RÉGLEMENTAIRE.	QUANTITÉS.	PRIX D'UTILISATION de l'unité	MONTANT en argent.	OBSERVATIONS.
sommaire.	détaillée.						
1	2	3	4	5	6	7	8
		Report..........................					
		Total..........................					

Le comptable passera en écritures les quantités portées ci-dessus.

A   , le   19   .

Le (1)

A   , le   19   .

L.   , comptable.

CERTIFIÉ l'exécution du présent ordre.

L   , comptable.

VU et VÉRIFIÉ :

Le (1)

(1) Sous-intendant militaire, Sous-directeur. Commandant de l'artillerie, Chef de l'établissement, Chef du génie ou Médecin-chef.

CORPS D'ARMÉE
ou
(1)
—
PLACE
d

N°   d'enregistrement
au journal
des comptes-matières.

(1) Gouvernement mili-
taire de... ou « Région ou
Division de...
(2) Ce certificat administratif appuie la *sortie* et
l'*entrée* du compte de gestion.
(3) Lorsque le certificat
n'est pas décompté, on doit
toujours en indiquer le
motif dans la colonne « Observations ».

SERVICE COURANT
ET
RÉSERVE DE GUERRE.

SERVICE

Désignation
de
l'établissement.

VERSEMENT DU SERVICE COURANT
À LA RÉSERVE DE GUERRE
à charge de compensation par des opérations inverses
équivalentes effectuées par ailleurs corrélativement.

CERTIFICAT ADMINISTRATIF (2).

N° 374 D
de la nomenclature.

MODÈLE N° 6 B.

Art. 48 (§ XVII) de l'instruction du 30 décem-
bre 1902.

L.   comptable soussigné déclare qu'il y a lieu de porter en *sortie*
au service courant, et en *entrée*, à la réserve de guerre, les matières et objets
désignés ci-après en exécution de l'ordre ministériel du   19   .

NUMÉROS de la classification		DÉSIGNATION des MATIÈRES ET OBJETS.	UNITÉ RÉGLE-MEN-TAIRE.	QUAN-TITÉS.	PRIX D'UTILI-SATION de l'unité	MONTANT en argent.	OBSER-VATIONS. (3)
1 sommaire.	2 détaillée.	3	4	5	6	7	8
		À reporter..................					

Cette formule est établie sur papier vert. Dans les corps de troupe, la mention du numéro
d'enregistrement au journal des comptes-matières est remplacée par la suivante : Numéro d'enregistrement au registre des entrées et des sorties : ... aux entrées, ... aux sorties.

NUMÉROS de la classification		DÉSIGNATION des MATIÈRES ET OBJETS.	UNITÉ RÉGLE-MEN-TAIRE.	QUAN-TITÉS.	PRIX D'UTILI-SATION de l'unité	MONTANT en argent.	OBSER-VATIONS.
sommaire.	détaillée.						
1	2	3	4	5	6	7	8
		Report................					
		Total................					

Le comptable pas-sera en écritures les quantités portées ci-dessus.

A   , le   19   .

    Le (1)

(1) Sous-intendant mili-taire, Sous-directeur, Com-mandant de l'artillerie, Chef de l'établissement, Chef du génie ou Médecin-chef.

A   , le   19   .

L   *comptable,*

CERTIFIÉ l'exécution du présent ordre.

L   *comptable,*

VU et VÉRIFIÉ :

    Le (1)

° CORPS D'ARMÉE.

ou

DIVISION »

PLACE

d

N°   d'enregistrement
au journal
des comptes-matières.

(1) D'une vérification·
d'un ordre de... en date
du... ou d'un recensement
constaté par procès-verbal
de... en date du....ou de
la formation, *ou de la dislocation d'unités collectives.*

SERVICE COURANT

ou

RÉSERVE DE GUERRE.

SERVICE

d

Désignation
de
l'établissement.

N° 367
de la nomenclature.

MODÈLE N° 7.

Article 48 (§ XXVII) de
l'instruction du 30 dé-
cembre 1902.

CERTIFICAT ADMINISTRATIF.

ENTRÉE.

L.   comptable, soussigné, déclare que, par suite (1)
il y a lieu de faire subir aux matières et objets
désignés ci-après le changement de classement qu'indique le tableau suivant :

| NUMÉROS de la classifica- tion | | ENTRÉES (NOUVEAU CLASSEMENT). | | | NUMÉROS de la CLASSIFICATION sous lesquels les matières et objets figuraient dans les comptes. | | OBSERVATIONS |
sommaire.	détaillée.	DÉNOMINATION DES MATIÈRES ET OBJETS.	UNITÉ RÉGLEMENTAIRE.	QUANTITÉS.	Sommaire.	Détaillée.	

Les certificats portant la mention *service courant* sont blancs, ceux portant la mention *réserve
de guerre* sont de couleur jaune.

| NUMÉROS de la classification | | ENTRÉES (NOUVEAU CLASSEMENT) | | | NUMÉROS de la CLASSIFICATION sous lesquels les matières et objets figuraient dans les comptes. | | OBSERVATIONS. |
sommaire.	détaillée.	DENOMINATION DES MATIÈRES ET OBJETS.	UNITÉ RÉGLEMENTAIRE.	QUANTITÉS.	Sommaire.	Détaillée.	

Le comptable prendra en charge les quantités ci-dessus.

A   , le   19   .

L   comptable,

A   , le   19   .

Le (1)

Pris en charge les quantités ci-dessus qui ont été portées en sortie à la date de ce jour suivant certificat n°

A   , le   19   .

L   *comptable.*

(1) Sous-intendant militaire, Sous-directeur, Commandant de l'artillerie, Chef de l'établissement, Chef du génie *ou* Médecin-chef.

VU ET VÉRIFIÉ

Le (1)

ᵉ CORPS D'ARMÉE.
ou
DIVISION ɴ

PLACE

d

SERVICE COURANT (1)
ᴇᴛ
RÉSERVE DE GUERRE.

SERVICE

ᴅ

Désignation
de
l'établissement.

Nᵒ 368
de la nomenclature.

MODÈLE Nᵒ 8.

Art. 40 de l'instruction du
30 décembre 1902.

PROCÈS-VERBAL D'INVENTAIRE

ᴘᴀʀ sᴜɪᴛᴇ

DE MUTATION DE COMPTABLES.

(1) Les inscriptions concernant le service courant sont faites avant celles concernant la réserve de guerre. La valeur des différences est totalisée distinctement.

(2) Sous-intendant militaire, Sous-directeur, Commandant de l'artillerie, Chef de l'établissement, Chef du génie ou Médecin-chef.

(3) Le Ministre, l'intendant militaire ou le directeur.

(4) Indiquer la mutation (admis à la retraite ou désigné pour une autre résidence, etc.)

(5) Désignation des deux comptables.

(6) Cette colonne sera élargie, s'il y a lieu, en ajoutant les feuilles nécessaires, pour permettre de donner aux observations et aux réserves tout leur développement.

L'an mil neuf cent   le

Nous (2)   , à

Sur l'avis qui nous a été donné par M. (3)

de procéder à l'installation de M.   désigné

pour être employé à   en remplacement

de M.   (4)

Nous sommes rendu à   où nous avons

trouvé réunis :

MM. (5)

Nous étant fait présenter les registres et pièces de comptabilité nécessaires pour nous assurer de leur exactitude et régularité et les ayant arrêtés, nous avons procédé au recensement des matières et objets de toute nature, dont les quantités, en magasin ou en service, comparées avec celles portées au compte de gestion du comptable sortant, ont fait ressortir les différences mentionnées au tableau ci-dessous.

NUMÉROS de la classification		DÉSIGNATION des matières et objets.	UNITÉ réglementaire.	QUANTITÉS		DIFFÉRENCES		DÉCOMPTE.			OBSERVATIONS et RÉSERVES du comptable entrant. (6)
sommaire.	détaillée.			d'après les écritures.	d'après le recensement.	en plus.	en moins.	PRIX de l'unité.	MONTANT en plus.	en moins.	

A reporter..................

| NUMÉROS de la classification | | DÉSIGNATION des matières et objets. | UNITÉ réglementaire. | QUANTITÉS | | DIFFÉRENCES | | DÉCOMPTE. | | | OBSERVATIONS et RÉSERVES du comptable entrant. (6) |
sommaire.	détaillée.			d'après les écritures.	d'après le recensement.	en plus.	en moins.	PRIX de l'unité.	MONTANT en plus.	en moins.	
		Report............									
		Total................									

EXPLICATIONS DES DIFFÉRENCES

QUI EXISTENT ENTRE LES RÉSULTATS DU RECENSEMENT ET LA BALANCE DES ÉCRITURES.

EXPLICATIONS DES DIFFÉRENCES

QUI EXISTENT ENTRE LES RÉSULTATS DU RECENSEMENT ET LA BALANCE DES ÉCRITURES.

En foi de quoi nous avons dressé le présent procès-verbal, que nous avons signé avec les personnes y dénommées, et dont   expédition   ser
transmise   par nos soins à M. le Ministre de la guerre.

Fait et clos à   , le (1)   19   .

(1) Si l'opération a duré
plusieurs jours, indiquer
la date de la clôture.

e CORPS D'ARMÉE
ou
DIVISION »

—

PLACE

d

N° d'enregistrement
au journal
des comptes-matières.

—

(1) De cession, de livraison *ou* d'expédition.
(2) Cédés, délivrés *ou* expédiés à... *ou* cédés à... pour conversion.
(3) Cession, livraison *ou* expédition.
(4) Les colonnes « réception » ne seront remplies que lorsqu'il s'agira d'une expédition et que les différences constatées à l'arrivée seront mises à la charge de l'expéditeur ou lorsqu'en cas de cession gratuite le matériel doit être pris en charge dans les comptes d'un autre service de la guerre.

SERVICE COURANT
ou
RÉSERVE DE GUERRE

—

SERVICE

—

Désignation
de
l'établissement. {

FACTURE(1)

—

SORTIE.

—

N° 369
de la nomenclature.

MODÈLE N° 9.

—

Art. 48 de l'Instruction du 30 décembre 1902.

NOTA. Dans le cas de sortie ne donnant pas lieu à payement, les colonnes du décompte ne seront pas remplies et ce qui est relatif au remboursement sera bâtonné. Toutefois, dans le service de l'artillerie, il sera, s'il y a lieu, établi un décompte dans les conditions prévues par l'art. 74 de l'instruction du 30 décembre 1902.

FACTURE des matières et objets (2)
en exécution de l'ordre d

(3)		DÉSIGNATION des MATIÈRES ET OBJETS.	Unité réglementaire.	QUANTITÉS.	Prix de l'unité.	Montant en argent.	RÉCEPTION (4).			OBSERVATIONS.
sommaire.	détaillée.						sommaire.	détaillée.	QUANTITÉS.	
Numéros de la classification							Numéros de la classification			
		TOTAL............								

Les factures portant la mention *service courant* sont gris bleuté; celles portant la mention *réserve de guerre* sont bleues.

MATÉRIEL D'EMBALLAGE (Caisses, toile, ficelle, paille, clous, etc.)

NUMÉROS de la classification		DÉSIGNATION DES MATIÈRES ET OBJETS.	UNITÉ réglementaire.	QUANTITÉS.	OBSERVATIONS.
sommaire.	détaillée.				

La présente facture certifiée véritable par l comptable soussigné.

A , le 19 .

Vu et vérifié la présente facture s'élevant à la somme totale de

dont le montant doit être remboursé par les soins de (1)

Le (2)

RÉCÉPISSÉ.

Reçu les matières et objets portés d'autre part (3) dont il a été pris charge à la date de ce jour sous le nº des entrées du livre-journal.

A , le 19 .

L

Vu et vérifié :

Le (2)

PAYEMENT.

La somme de

montant de la présente facture, a été payée par versement au Trésor fait à le 19 , suivant récépissé nº , ou par (4)

A , le 19 .

Le (5)

(1) Indiquer la partie prenante. — (2) Sous-intendant, Sous-directeur, Commandant de l'artillerie, Chef de l'établissement, Chef du génie ou Médecin-chef. — (3) On ajoutera « à la réception » lorsque les colonnes comprises sous ce titre seront remplies. — (4) Ordonnance de virement... ou état de changement d'imputation nº... en date du... — (5) Grade et qualité de l'ordonnateur.

Nota. — Le récépissé ci-dessus doit être timbré à 0 fr. 10 quand il s'agit d'une livraison à un particulier (adjudicataire, entrepreneur, cessionnaire, etc.). (Art. 18 de la loi du 23 août 1871.)

° CORPS D'ARMÉE
ou
DIVISION »

PLACE
d

N° d'enregistrement
au journal
des comptes-matières.

Désignation
de
l'établissement.

SERVICE COURANT
ET
RÉSERVE DE GUERRE.

SERVICE
d

N° 369 A
de la nomenclature.

MODÈLE N° 9 A.

Article 48 (§ XVI) de
l'instruction du 30
décembre 1902.

VERSEMENT DE LA RÉSERVE DE GUERRE
AU SERVICE COURANT.

FACTURE des matières et objets versés par la réserve de guerre au service courant par suite de réduction dans les approvisionnements de la réserve de guerre en exécution de l'ordre du Ministre de la guerre en date du   19   .

NUMÉROS de la classification.		DÉSIGNATION des MATIÈRES ET OBJETS.	UNITÉ réglementaire	QUANTITÉS.	PRIX de l'unité.	MONTANT en argent.	OBSERVATIONS
sommaire	détaillée.						

A reporter....................

Cette facture est imprimée sur papier chamois.

NUMÉROS de la classification		DÉSIGNATION des MATIÈRES ET OBJETS.	UNITÉ réglementaire	QUANTI-TÉS.	PRIX de l'unité.	MONTANT en argent	OBSER-VATIONS
sommaire	détaillée.						
		Report............................					
		TOTAL......................					

CERTIFIÉ la présente facture à la somme totale de

A   , le   19

L   *comptable.*

VU

Le (1)

PAYEMENT.

La somme d
montant de la présente facture, a été payée par un versement
au Trésor fait à   , le   19
suivant récépissé n°

A   , le   19

Le (2)

(1) Sous-intendant, Sous-directeur, Commandant de l'artillerie, Chef de l'établissement, Chef du génie, ou Médecin-chef.
(2) Grade et qualité de l'ordonnateur.

« CORPS D'ARMÉE
ou
DIVISION »

PLACE
d

N°   d'enregistrement
au journal
des comptes-matières.

(1) Indiquer les causes
qui motivent la sortie, telles
que :
Emploi des matériaux
d'emballage à la confection
des colis pendant le... trimestre 19..
ou
Emploi à la fabrication,
confection, transformation,
réparation *ou* démolition de

SERVICE COURANT
ou
RÉSERVE DE GUERRE.

SERVICE
d

Désignation
de
l'établissement.

SORTIE.

CERTIFICAT ADMINISTRATIF.

N° 371
de la nomenclature.

MODÈLE N° 10.

Art. 48 de l'instruc-
tion du 30 décem-
bre 1902.

... ordonnée le... par...
(voir pièce d'entrée n°   ),
ou
Monture exécutée par
économie *ou* par le sieur...
suivant marché du... pen-
dant le mois de... (voir
pièce d'entrée n°   ).

NOTA. — Pour le service
de l'artillerie, il sera, s'il
y a lieu, établi un décompte
dans les conditions prévues
par l'article 74 de l'instruction du 30 décembre 1902.

L   comptable soussigné déclare
qu'il y a lieu de porter en sortie les matières et objets désignés ci-après,
pour cause d (1)

NUMÉROS de la CLASSIFICATION		DÉSIGNATION DES MATIÈRES ET OBJETS.	UNITÉ RÉGLEMENTAIRE.	QUANTITÉS.	OBSERVATIONS.
sommaire.	détaillée.				

Les certificats portant la mention *service courant* sont gris bleuté ; ceux portant la
mention *réserve de guerre* sont de couleur bleue.

NUMÉROS de la CLASSIFICATION		DESIGNATION	UNITÉ	QUANTITÉS.	OBSERVATIONS.
som-maire.	dé-taillée	DES MATIÈRES ET OBJETS.	RÉGLEMENTAIRE.		

Le comptable portera en sortie les quantités ci-dessus.

A le 19

L (1)

A , le 19

L comptable,

CERTIFIÉ l'exécution du présent ordre.

A , le 19

L comptable,

VU et VÉRIFIÉ

L (1)

(1) Sous-intendant militaire, Sous-directeur, Commandant de l'artillerie, Chef de l'établissement, Chef du génie ou Médecin-chef.

° CORPS D'ARMÉE
ou

DIVISION d

—

PLACE

d

‿

N°   d'enregistrement
au journal
des comptes-matières.

—

(1) D'une vérification,
d'un ordre de..., en date
du... *ou* d'un recense-
ment constaté par procès-
verbal de..., en date du...
ou de la formation *ou* de
la dislocation d'unités collectives.

SERVICE COURANT

ou

RÉSERVE DE GUERRE

SERVICE

d

Désignation
de
l'établissement. {

N° 373
de la nomenclature.

MODÈLE N° 11.

Art. 48 (§ XXVII) de
l'instruction du 30
décembre 1902.

CERTIFICAT ADMINISTRATIF.

SORTIE.

L   comptable soussigné déclare que,
par suite (1)   il y a lieu de faire subir
aux matières et objets désignés ci-après le changement de classement qu'indique le tableau suivant:

SORTIES (ANCIEN CLASSEMENT).					NUMÉROS de la CLASSIFICATION sous lesquels les matières et objets doivent être portés en entrée		OBSERVATIONS.
NUMÉROS de la classification		DÉSIGNATION DES MATIÈRES ET OBJETS.	UNITÉ RÉGLEMENTAIRE.	QUANTITÉS.			
sommaire.	détaillée.				sommaire.	détaillée.	

Les certificats portant la mention *service courant* sont gris bleuté; ceux portant la mention
réserve de guerre sont de couleur bleue.

| NUMÉROS de la classification | | SORTIES (ANCIEN CLASSEMENT). | | | NUMÉROS de la CLASSIFICATION sous lesquels les matières et objets doivent être portés en entrée | | OBSERVATIONS. |
som-maire.	détaillée.	DÉSIGNATION DES MATIÈRES ET OBJETS.	UNITÉ RÉGLEMENTAIRE.	QUANTITÉS.	som-maire.	détail-lée.	

Le comptable porte-ra en sortie les quan-tités ci-dessus et il les portera le même jour en entrée sous leur nouveau classe-ment.

A   , le   19 .

Le (1)

A   , le   19

L   , *comptable,*

Porté en sortie les quantités ci-dessus qui ont été reprises en charge à la date de ce jour suivant pièce d'entrée n°

A   , le   19

L   , *comptable,*

VU ET VÉRIFIÉ :

Le (1)

° CORPS D'ARMÉE
ou
DIVISION d

PLACE

d

N° d'enregistrement
au journal
des comptes-matières.

(1) Sous-intendant militaire, Sous-directeur, Commandant de l'artillerie, Chef de l'établissement, Chef du génie, *ou* Médecin-chef.

SERVICE COURANT
ou
RÉSERVE DE GUERRE

SERVICE

Désignation
de
l'établissement.

EXTRAIT
DE PROCÈS-VERBAL.

SORTIE.

N° 370
de la nomenclature.

MODÈLE N° 12.

Art. 48 (§ XXV)
de l'instruction
du 30 décembre 1902

(2) Le recensement du matériel existant dans... a fait ressortir, comparativement aux résultats des écritures, un déficit composé des matières et objets désignés ci-après
ou
à l'arrivée des matières et objets expédiés de... par ... le... suivant facture du... n° , il a été constaté, etc.
ou
les matières et objets désignés ci-après ont été, etc.

Il appert d'un procès-verbal rapporté le   par
le (1)

Que (2)

En conséquence, le comptable portera en sortie, dans ses comptes, les matières et objets ci-après dont la valeur s'élève à la somme de

NUMÉROS de la CLASSIFICATION		DÉSIGNATION des MATIÈRES ET OBJETS.	UNITÉ RÉGLEMENTAIRE.	QUANTITÉS.	PRIX DE L'UNITÉ.	MONTANT en argent.	OBSERVATIONS
sommaire.	détaillée.						

A reporter....................

Les certificats portant la mention *service courant* sont gris bleuté; ceux portant la mention *réserve de guerre* sont de couleur bleue.

NUMÉROS de la CLASSIFICATION		DÉSIGNATION des MATIÈRES ET OBJETS.	UNITÉ RÉGLEMENTAIRE.	QUANTITÉS.	PRIX DE L'UNITÉ.	MONTANT en argent.	OBSERVATIONS.
sommaire.	détaillée.						
		Report....................					
		Total....................					

A   , le   19

L. (1)

Porté en sortie les quantités ci-dessus.

A   , le   19

L   *comptable,*

Vu :

Le (1)

Par décision du (3)   en date du
portée sur le procès-verbal mentionné d'autre part, le
                      a été constitué débiteur,
envers l'Etat, de la somme de
qui sera versée au Trésor ; la somme de
           a été laissée à la charge de l'Etat.

A   , le   19

Le (1)

PAYEMENT.

La somme de
montant du décompte ci-dessus, a été versée au Trésor,
à   suivant récépissé
n°   , en date du

A   , le   19

Le (2)

(1) Sous-intendant militaire, Sous-directeur, Commandant de l'artillerie, Chef de l'établissement, Chef du génie *ou* Médecin-chef.

(2) Grade et qualité de l'ordonnateur.

(3) Ministre ou Directeur.

ᵉ CORPS D'ARMÉE
ou
DIVISION d

PLACE

d   d

Nᵉ   d'enregistrement
au journal
des comptes-matières.

Désignation
de
l'établissement.

SERVICE COURANT

SERVICE

Nᵒ 373 C
de la nomenclature.

MODÈLE Nᵒ 12 *bis*.

Art. 48 (§ XXVI)
de l'instruction
du 30 décembre 1902.

(1) Matières, denrées,
objets, animaux.

EXTRAIT DU PROCÈS-VERBAL DE VENTE.

SORTIE.

Le Receveur des domaines au bureau d   soussigné certifie
avoir reçu et vendu au profit de l'État les (1)   impropres au service,
ci-après désigné qui lui ont été remis ce jour par   et qui ont produit
les sommes indiquées ci-dessous, savoir :

NUMÉROS de la CLASSIFICATION		DÉSIGNATION DES (1)	UNITÉ RÉGLE- MENTAIRE	QUAN- TITÉS.	PRODUIT de la VENTE.	OBSERVA- TIONS.
som- maire.	détail- lée.					

A REPORTER.................

Cet extrait est imprimé sur papier gris bleuté.

NUMÉROS de la CLASSIFICATION		DÉSIGNATION DES (1)	UNITÉ RÉGLEMENTAIRE	QUANTITÉS.	PRODUIT de la VENTE.	OBSERVATIONS.
sommaire.	détaillée.					
		REPORT...............				
		TOTAL.................				

A   , le .   19

Vu :
Le Sous-Intendant militaire,

MODÈLE N° 13.

MINISTÈRE
DE LA GUERRE.

(1) Indiquer :

1° Dans les services de l'artillerie, l'établissement ou la sous-direction des Forges qui a passé les marchés ;

2° Dans le service des poudres et salpêtres, l'établissement qui a passé les marchés ;

3° Dans le service du génie, la chefferie ou l'établissement et, dans les autres services, l'établissement qui a livré les vieilles matières

ANNÉE 19

SERVICE

(1)

Art. 48 (§ VIII) de l'instruction du 30 décembre 1902.

Cet état est tracé à la main

Haut. 0ᵐ,36 ; larg 0ᵐ,23.

ÉTAT DÉCOMPTÉ

des quantités de vieilles matières cédées aux titulaires de marchés pour conversion et qui sont encore en cours de transformation au 31 décembre de l'année 19   .

NUMÉROS de la classification		DÉSIGNATION des VIEILLES MATIÈRES cédées.	UNITÉ RÉGLEMENTAIRE.	DÉSIGNATION des TITULAIRES des marchés de conversion. (Noms et domiciles.)	DATES DES MARCHÉS	DÉSIGNATION des établissements qui ont livré les vieilles matières.	ANNÉE DE LA LIVRAISON.	NUMÉROS DES PIÈCES DE SORTIE.	QUANTITÉS		PRIX de L'UNITÉ des vieilles matières prévu au marché.	DÉCOMPTE en ARGENT (2) des quantités en transformation au 31 décembre.	OBSERVATIONS.
sommaire.	détaillée.								TOTALES livrées.	RESTANT en transformation au 31 décembre (1).			
													(1) Les quantités portées dans cette colonne sont totalisées par unité sommaire. (2) Les décomptes en argent sont également totalisés par unité sommaire. (3) Directeur d'artillerie ou sous-directeur des forges, Directeur de poudrerie, Chef du génie ou Commandant de l'école, Officier d'administration comptable.

A , le 19 .

Le (3)

COMPTABILITÉ-MATIÈRES DE LA GUERRE

Partie gauche (TALON)

• CORPS D'ARMÉE ou DIVISION d

SERVICE COURANT ET RÉSERVE DE GUERRE.

PLACE d

SERVICE d

N° 373 B de la nomenclature.

MODÈLE N° 14

Art. 48 (§ XX) de l'instruction du 30 décembre 1902.

N° d'enregistrement au journal des comptes-matières.

Désignation de l'établissement.

TALON de l'état d'imputation des sommes mises à la charge du
pour pertes ou dégradations des matières et objets du service d
mis à sa disposition.

NUMÉROS de la classification		DÉSIGNATION des matières et objets.	Unité réglementaire.	QUANTITÉS DES MATIÈRES et objets			Prix par unité.	DÉGRADATIONS		Montant des sommes imputées.	OBSERVATIONS.
sous-matière.	détaillée.			perdus.	à réparer.	hors de service.		Nature.	Montant.		

A reporter...........

Partie droite (ÉTAT)

• CORPS D'ARMÉE ou DIVISION d

SERVICE COURANT ET RÉSERVE DE GUERRE.

PLACE d

SERVICE d

N° 373 B de la nomenclature.

MODÈLE N° 14.

Art. 48 (§ XX) de l'instruction du 30 décembre 1902.

N° d'enregistrement au journal des comptes-matières.

Désignation de l'établissement.

ÉTAT d'imputation des sommes mises à la charge du
pour pertes ou dégradations des matières et objets
du service d mis à sa disposition.

NUMÉROS de la classification		DÉSIGNATION des matières et objets.	Unité réglementaire.	QUANTITÉS DES MATIÈRES et objets			Prix par unité.	DÉGRADATIONS		Montant des sommes imputées.	OBSERVATIONS.
sous-matière.	détaillée.			perdus.	à réparer.	hors de service.		Nature.	Montant.		

A reporter...........

NUMÉROS de la classif-cation		DÉSIGNATION des matières et objets.	Unité réglementaire.	QUANTITÉS DES MATIÈRES et objets			Prix par unité.	DÉGRADATIONS		Montant des sommes imputées.	OBSERVATIONS.
sommaire.	détaillée.			perdus.	à réparer.	hors de service.		Nature.	Montant.		
		Report.........									
		Total.........									

Vu et vérifié par nous (1), le présent état d'imputation s'élevant à la somme de
qui sera immédiatement versée dans les caisses du Trésor par l (2).
A , le 19 .

Certifié contradictoirement par l le présent état comptable et l s'élevant à la somme de
A , le 19 .
L comptable,

PAYEMENT.

La somme de au Trésor, à n° en date du payée par (3).
A , le 19 .
Le (4)

a été versée suivant récépissé 19 , ou a été

(1) Grade et qualité de l'ordonnateur secondaire du service.
(2) Indiquer la partie qui doit faire le versement ou le mode de remboursement lorsqu'il n'aura pas lieu par voie de versement au Trésor.
(3) Ordonnance de virement ou état de changement d'imputation en date du...... n° ou date du......
(4) L'ordonnateur secondaire.

COMPTABILITÉ-MATIÈRES DE LA GUERRE

NUMÉROS de la classif-cation		DÉSIGNATION des matières et objets.	Unité réglementaire.	QUANTITÉS DES MATIÈRES et objets			Prix par unité.	DÉGRADATIONS		Montant des sommes imputées.	OBSERVATIONS.
sommaire.	détaillée.			perdus.	à réparer.	hors de service.		Nature.	Montant.		
		Report.........									
		Total.........									

Vu et vérifié par nous (1), le présent état d'imputation s'élevant à la somme de
qui sera immédiatement versée dans les caisses du Trésor par l (2).
A , le 19 .

Certifié contradictoirement par l le présent état comptable et l s'élevant à la somme de
A , le 19 .
L comptable,

PAYEMENT.

La somme de au Trésor, à n° en date du payée par (3).
A , le 19 .
Le (4)

a été versée suivant récépissé 19 , ou a été

(1) Grade et qualité de l'ordonnateur secondaire du service.
(2) Indiquer la partie qui doit faire le versement ou le mode de remboursement lorsqu'il n'aura pas lieu par voie de versement au Trésor.
(3) Ordonnance de virement ou état de changement d'imputation en date du...... n° ou date du......
(4) L'ordonnateur secondaire.

MINISTÈRE
DE LA GUERRE.

COMPTABILITÉ-MATIÈRES.

(1) Établissement.
(2) Sous-intendant mili-
taire, Sous-directeur, Commandant de l'artillerie, Chef
de l'établissement, Chef du
génie ou Médecin-chef.

SERVICE

D

Place d

(1)

N° 198 G
de la nomenclature.

MODÈLE N° 15.

Art. 48 (§ XXII)
de l'instruction
du 30 décembre 1902.

REGISTRE DES MATÉRIAUX D'EMBALLAGE.

Commencé le
Terminé le

Le présent livre auxiliaire contenant   feuillets, celui-ci compris,
a été coté et paraphé par nous (2)

       A   , le   19   .

NOTA. — Le présent livre auxiliaire est divisé en deux parties : la première
partie comprend les sorties et la seconde les entrées. Il est totalisé en fin de
trimestre, certifié par le comptable et vérifié. Les résultats de la balance
entre la première et la deuxième partie sont reportés sur des certificats administratifs (modèle n° 6 ou n° 10, suivant le cas) qui justifient l'entrée ou la
sortie dans les comptes.

PIÈCES D'ENTRÉE ou de sortie sur lesquelles sont portés les matériaux d'emballage.		INDICATION DES MOUVEMENTS D'ENTRÉE OU DE SORTIE.	DÉSIGNATION DES MATÉRIAUX ET QUANTITÉS	CERTIFICATS ADMINISTRATIFS trimestriels justifiant l'entrée ou la sortie au compte de gestion.		OBSERVATIONS.
NUMÉROS.	DATES.			NUMÉROS.	DATES.	
31 mars ou 30 juin. 30 septembre. 31 décembre. }		TOTAUX............				

MINISTÈRE
DE LA GUERRE.

ᵉ DIRECTION.

ᵉ BUREAU.

d

d

Désignation de l'établissement.

M.

ANNÉE 19 .

SERVICE

PLACE

, comptable.

MODÈLE Nᵒ 16.

Article 48 (§ 11)
de l'instruction
du 80 décembre 1902.

Ce relevé est tracé à la main sur papier de 0ᵐ,36 sur 0ᵐ,23. Il est certifié par le comptable et visé par le sous-intendant ou le directeur.

RELEVÉ

des pièces d'entrée ou de sortie qui sont à compléter par la mention de l'ordonnancement ou du versement au Trésor.

NUMÉROS DES PIÈCES		OBSERVATIONS.	NUMÉROS DES PIÈCES		OBSERVATIONS.
d'entrée.	de sortie.		d'entrée.	de sortie.	

A , le 19 .

Vu :

Le

L

comptable

(1) Sous-intendant militaire, Sous-directeur, Commandant de l'artillerie, Chef du génie, Chef de l'établissement ou Médecin-chef.

SERVICE

d

PLACE d·

Désignation de l'établissement. {

MODÈLE N° 17.

Article 2 (§ 11) de l'instruction du 30 décembre 1902.

Haut., 0^m,36, larg., 0^m,93

CARNET DES UNITÉS COLLECTIVES INCOMPLÈTES

Le présent carnet, contenant   feuillets, a été coté et paraphé

par nous (1)

A   , le   19

L

INSTRUCTION POUR LA TENUE DU CARNET.

Suivant l'importance des unités collectives et le nombre plus ou moins grand des éléments qui les composent, on peut, soit ouvrir un compte à chaque unité, soit en ouvrir un à chacune des unités entrant dans une formation de guerre déterminée.

Les objets manquants qui ne peuvent être remplacés immédiatement sont inscrits, avec la date à laquelle la constatation du manquant a été faite, dans les colonnes 1 à 5.

On inscrit dans la colonne 6 la désignation du local, de la caisse ou de la partie de l'unité collective dans laquelle le manquant existe.

Au fur et à mesure que des matières et objets sont incorporés dans les unités collectives pour les compléter, on les indique dans une des colonnes 7. Quand l'unité est complétée, on totalise les inscriptions des colonnes 7 dans la colonne 8 et l'on trace un trait sous les totaux des colonnes 5 et 8. Si, au contraire, un nouveau manquant sur un objet vient à se produire avant que les manquants antérieurs aient été comblés, on réunit tous ces manquants en une même inscription. (Voir l'exemple donné aux lignes 1 et 4 du modèle.)

Dans le cas où les unités collectives ne sont pas complétées, soit en fin d'année, soit au moment d'une expédition ou d'une livraison, inscription des manquants et de leur valeur est faite dans les colonnes 9, 10 et 11.

N° sommaire 1.

N° détaillé 2.

BATTERIE DE CAMPAGNE DE 90 A 18 VOITURES.

NUMÉROS		OBJETS MANQUANTS			VERSEMENTS SUCCESSIFS POUR RECONSTITUER L'UNITÉ.			MANQUANTS EN FIN D'ANNÉE ou au moment d'une expédition.			OBSERVA-
sommaires.	détaillés.	DÉSIGNATION DES OBJETS.	AUX DATES CI-DESSOUS.	TOTAL.	EMPLACEMENTS	DATES ET QUANTITÉS.	TOTAL.	Quantités.	Prix.	Montant.	TIONS.
1	2	3	4	5	6	7	8	9	10	11	12
						1902					
193	113	Dégorgeoirs simples de 90	10 janv. 4 / » »	4	Coffres d'avant-trains des pièces nos 1, 3, 4 et 6	15 avril 1 / 10 mars 1 / 5 mai 1 / » »	3(1)	» »	» »	» »	(1) Voir la suite à la 4e ligne.
198	33	Leviers de pointage de 90	11 janv. 2 / » »	2	Affûts des pièces nos 2 et 4	5 février 1 / 6 mai 1 / » » / » »	2	» »	» »	» »	
199	19	Refouloirs courts de 90	4 mai 1 / » »	1	Affût de la pièce n° 6	8 sept. 1 / » » / » » / » »	1	» »	» »	» »	
193	113	Dégorgeoirs simples de 90	5 mai 1 / 8 juin 3	4	Coffres d'avant-trains des pièces nos 3, 4, 5 et 6	4 juillet 2 / 3 août 1 / » » / » »	3	14 sept. 1	0.50	0.50	Expédié à l'École d'art. de Tours.

Nº 373 G
de la nomenclature.

MODÈLE Nº 18 (1).

Art. 63 de l'instruction
du 30 décembre 1902.

(1) Complété par l'erratum du 2 août 1905, *B. O.*, p. 1126.

MINISTÈRE
DE LA GUERRE.

COMPTABILITÉ-MATIÈRES.

ANNÉE 19 .

SERVICE

D

Place d

Désignation
de
l'établissement. {

M. , *comptable.*

ÉTAT

DU MATÉRIEL PRÊTÉ ET NON RÉINTÉGRÉ AU 31 DÉCEMBRE.

On porte sur cet état, dans la colonne 7, tout le matériel qui figurait sur l'état de l'année précédente comme non réintégré au 31 décembre, alors même que ce matériel aurait été réintégré pendant l'année courante.

Le matériel délivré et réintégré pendant le cours d'une même année n'est pas porté sur l'état.

Le décompte par unité détaillée de la valeur du matériel non réintégré est arrondi en francs, d'après les règles adoptées pour les décomptes du compte de gestion.

NUMÉROS de la NOMENCLATURE par unité		DÉSIGNATION des MATIÈRES ET OBJETS.	UNITÉ RÉGLEMENTAIRE.	DÉLIVRANCE.					
				PIÈCES JUSTIFICATIVES.		QUANTITÉS prêtées		TOTAL	
som-maire.	dé-taillée			Numéros.	Dates.	avant le 1er janvier 19	après le 1er janvier 19	par prêt.	par unité.
1	2	3	4	5	6	7	8	9	10

CHAPITRE

Totaux du chapitre .....

CHAPITRE

RÉINTÉGRATION.			MATÉRIEL NON RÉINTÉGRÉ AU 31 DÉCEMBRE						DATES des DÉCISIONS minis-térielles ayant autorisé les prêts.	NOMS et QUALITÉS des détenteurs.
MAGASIN où elle a été faite.	PIÈCES JUSTIFICATIVES		QUANTITÉS RÉINTÉGRÉES ou remboursées.	TOTAL PAR UNITÉ	QUANTITÉS.		PRIX	MONTANT en argent par unité-rameau.		
	Numéros.	Dates.			Service courant.	Réserve de guerre.		Service courant.	Réserve de guerre.	
11	12	13	14	15	16	17	18	19	20	21	22

Certifié véritable et conforme aux inscriptions du registre du matériel prêté.

A   , le   19 .

Le   Comptable.

Vu et vérifié :

Le (1)

(1) Sous-intendant militaire ou Directeur.

MINISTÈRE
DE LA GUERRE.
____

• DIRECTION.

• BUREAU.

ANNÉE 19

COMPTABILITÉ-MATIÈRES.

SERVICE

MODÈLE N° 19

Art. 65 de l'instruction du
30 décembre 1902.

ÉTAT RÉCAPITULATIF

*de la valeur, par chapitre de la nomenclature, du matériel prêté
et non réintégré au 31 décembre 19   .*

(*) Dénomination des chapitres.

NUMÉROS D'ORDRE des comptes de gestion.	DÉSIGNATION des établissements qui ont prêté le matériel.	CHAPITRE (*)		CHAPITRE (*)		CHAPITRE (*)		CHAPITRE (*)	
		Service courant.	Réserve de guerre.	Service courant.	Réserve de guerre.	Service courant.	Réserve de guerre.	Service courant.	Réserve de guerre.
	Totaux....								

CHAPITRE (*)		CHAPITRE (*)		CHAPITRE (*)		CHAPITRE (*)		VALEUR TOTALE du MATÉRIEL PRÊTÉ.	
Service courant.	Réserve de guerre.	Service courant.	Réserve de guerre.	Service courant.	Réserve de guerre.	Service courant.	Réserve de guerre.	Service courant.	Réserve de guerre.

ARRÊTÉ à la somme de

A Paris, le   19

Le Chef de bureau,

Vu :

Le Directeur,

ARRÊTÉ à la somme de

SERVICE

D

PLACE

D

(1) Désignation de l'établissement.
(2) Autorité chargée de la surveillance du service.

(1)

MODÈLE Nº 20.
—

Art. 1er (§ III) de l'instruction du 30 décembre 1902.

CARNET

DES MATIÈRES ET OBJETS DE CONSOMMATION COURANTE

Commencé le

Terminé le

Le présent carnet auxiliaire contenant   feuillets, celui-ci compris, a été coté et paraphé par nous (2),

A   , le   19

NUMÉROS D'ENREGISTREMENT		DATES des MOUVEMENTS.	DÉSIGNATION DES MOUVEMENTS d'entrée et de sortie.	DÉSIGNATION DES MATIÈRES ET OBJETS.	DÉCOMPTE en ARGENT.	OBSERVATIONS
au présent carnet.	au livre-journal de caisse.					
			Unité...			
			Prix....			
		19	ENTRÉES.			
		1er octobre.	Reste en magasin...			
			Totaux des entrées.			
			SORTIES.			
			Totaux des sorties.			
		1er janv. 19 .	Reste en magasin...			

Vu et vérifié :
A . le 19

Certifié par l , comptable soussigné.
A le 19 .

L (1)

(1) Autorité chargée de la surveillance du service.

MINISTÈRE
DE LA GUERRE.

(1) Autorité chargée de la surveillance du service.

SERVICE
D

—

PLACE D

MODÈLE N° 21.

—

Art. 48 § XXIII) de l'instruction du 30 décembre 1902.

Haut., 0^m,36 ; larg., 0^m,23.

Désignation de l'établissement. {

LIVRE AUXILIAIRE

DES CONFECTIONS, TRANSFORMATIONS, DÉMOLITIONS ET RÉPARATIONS.

Commencé le

Terminé le

Le présent livret auxiliaire contenant   feuillets a été coté et paraphé par nous (1)

A   , le   19   .

NOTA. — Les mouvements journaliers entre le magasin et les ateliers ou services chargés des travaux sont immédiatement inscrits sur des carnets tenus contradictoirement par le garde magasin et les chefs d'ateliers. Ces derniers y prennent, en outre, note des consommations faites pour chaque ouvrage.

En fin de mois, il est fait un recensement des quantités de matières et objets restant en cours de transformation ou consommation ; les carnets sont arrêtés et balancés et les résultats des travaux terminés sont reportés au présent livre.

On inscrit :

1° Dans la colonne 7, les quantités de matériel provenant, depuis le commencement du mois, des confections, transformations, démolitions, ainsi que les issues et résidus provenant soit de ces opérations, soit des réparations ;

2° Dans la colonne 8, les quantités du matériel réparé pendant le mois ;

3° Dans les colonnes 13 et 14, les quantités du matériel transformé ou démoli pendant le mois, les matières consommées pour ces opérations, ainsi que pour les confections et réparations.

Ces inscriptions servent de base à l'établissement des certificats administratifs d'entrée et de sortie (art. 48).

MOIS DE JANVIER.

DATES des ouvrages	NATURE des opérations prescrites	NUMÉROS sommaire	NUMÉROS détaillé	DÉSIGNATION du matériel réparé, des produits, des confections, etc., et des issues ou résidus à prendre en charge, provenant du travail exécuté	UNITÉ RÉGLEMENTAIRE	QUANTITÉS — Des produits, des confections, etc., des issues et des résidus à prendre en charge	QUANTITÉS — du matériel réparé
1	2	3	4	5	6	7	8
1903. 3 janv.	Réparation......	86	1	Couvertures grandes........	N	»	110
		104	93	Objets divers en laine......	K	11k,50	
20 janv.	Confection de 100 enveloppes de traversin.	86	8	Enveloppes de traversin ...	N	75	»

NUMÉROS sommaire	NUMÉROS détaillé	DÉSIGNATION du matériel employé aux confections, transformations, réparations ou démolitions. — PROFESSION DES OUVRIERS.	UNITÉ RÉGLEMENTAIRE	QUANTITÉS à porter en sortie — au compte de gestion	QUANTITÉS à porter en sortie — au carnet modèle n° 20	NOMBRE DE JOURNÉES	PRIX (1) (fr. c.)	MONTANT DE LA DÉPENSE (fr. c.)	OBSERVATIONS (3)
9	10	11	12	13	14	15	16	17	18
105	9	Couvertures petites	N	10	»	»	1 25	12 50	
98	117	Laine filée	K	»	0k,500	»	13 »	7 15	
		Ouvrières (2)	»	»	»	20	1 50	30 »	
							Total...	49 65	
3	12	Toile	M	43m,50	»	»	0 85	36 97	
97	2	Aiguilles (1 paquet)........	N	»	1	»	0 40	0 10	
98	114	Fil écru	K	»	0k,125	»	8 50	1 06	
		Ouvriers............	»	»	»	5	1 50	6 50	
							Total...	44 93	

(1) On indique dans cette colonne le prix d'achat ou, à défaut, le prix des nomenclatures.
(2) Quand les surveillants ou surveillantes ne travaillent pas en personne, le montant de leur salaire mensuel est réparti au prorata du nombre de journées des ouvriers et ouvrières.
(3) On inscrit, le cas échéant, dans cette colonne, le taux du déchet.

MINISTÈRE
DE LA GUERRE.

N°
___

N°   de l'état modificatif
de la fixation de la ré-
serve de guerre auquel
se réfère le procès-ver-
bal.

RÉSERVE DE GUERRE.

SERVICE

PLACE D

N° 374 B
de la nomenclature.

MODÈLE N° 22 (5).

Art. 8 et 9 de l'instruction
du 30 décembre 1902.

(1)_Indiquer le corps de troupe ou l'établissement militaire.

(2)_Sous-intendant militaire, Directeur, Chef de l'établissement, Chef du génie ou Médecin-chef.

(3)_Indiquer les officiers, fonctionnaires ou employés consultés pour l'estimation des moins-values.

(4)_Exposer en tous détails les causes de dépréciation, ainsi que l'évaluation des dépenses de transformation, retouche, remaniement, ou manutention, etc., jugées nécessaires.

(5)_Modifié par l'erratum du 2 août 1905. *B. O.*, p. 1026, et la circulaire du 24 août 1910 (*B. O.*, p. 1664.)

(1)

PROCÈS-VERBAL DE DÉPRÉCIATION.

L'an mil neuf cent   , le   ,
nous (2)
vu l'ordre du Ministre de la guerre, n°   , en date
du   , prescrivant d'employer aux
besoins du service courant les approvisionnements
ci-après de la réserve de guerre qui figurent sur
l'état modificatif de la fixation de la réserve de guerre
n°   du   , nous sommes rendu
à   , où nous avons trouvé : MM. (3)
       , avec le concours desquels nous
avons examiné lesdits approvisionnements, ainsi
que les conditions dans lesquelles ils pourront être
utilisés.

Il ressort de cet examen que :

(4)

Nous estimons, par suite, que les matières et
objets à utiliser doivent subir les dépréciations ci-
après :

NUMÉROS de la classification		DÉSIGNATION DES MATIÈRES ET OBJETS.	UNITÉ RÉGLEMENTAIRE.	QUANTITÉS.	PRIX de la NOMEN-CLATURE	DÉPRÉ-CIATION	PRIX à PROPOSER.	PROPOSITION DE LA DIRECTION TECHNIQUE DE L'ADMINISTRATION CENTRALE.			
sommaire.	détaillée.							Prix proposé.	Montant de la dépréciation par nature de matières et objets. (4)	Valeur d'utilisation par nature d'objets. (4)	MOTIFS.
							TOTAUX				

(1)

Le (2)

AVIS DU DIRECTEUR DU SERVICE (3).

Paris, le   19   .

Le Directeur d

AVIS DU DIRECTEUR DU CONTRÔLE.
—

DÉCISION DU MINISTRE
—

(1) Désignation des officiers, fonctionnaires et employés consultés pour l'estimation des moins-values.
(2) Signature de l'autorité qui a rapporté le procès-verbal.
(3) Génie. — Intendance. — Santé.
(4) Colonnes ajoutées. Circulaire du 24 août 1910

MINISTÈRE
DE LA GUERRE.

COMPTABILITÉ-MATIÈRES.

(1) Gouvernement militaire d... *ou* * Région ou Division d...

ANNÉE 19 .

SERVICE

d

° CORPS D'ARMÉE

ou

(1)

N° 373 H (1).
de la Nomenclature
générale.

MODÈLE N° 23.

Art. 75 de l'instruction du
30 décembre 1902.

ÉTAT RÉCAPITULATIF

présentant, par chapitre de la nomenclature, la valeur du matériel appartenant à l'État et existant dans les corps de troupe au 31 décembre 191 , ainsi que le montant en deniers de la reprise d'inventaire au 1ᵉʳ janvier précédent.

NOTA. — Cet état est fourni en double expédition.

Il doit parvenir au Ministre le 1ᵉʳ mai au plus tard, accompagné des comptes de gestion portant inventaire et des pièces justificatives que produisent les corps de troupe et les établissements assimilés pour l'année écoulée.

Il comprend, par chapitre de la nomenclature, la valeur du matériel appartenant à l'État qui figure sur les comptes de gestion produits en exécution du règlement sur l'administration et la comptabilité des corps de troupe.

(1) Modifié conformément à la circulaire du 27 décembre 1913 (B. O., p. p., page 1732).

DÉSIGNATION des corps de troupe et des établissements assimilés.	(*) CHAPITRE 1er.				(*) CHAPITRE II.				(*)					VALEUR TOTALE du matériel par corps ou établissement au 31 décembre 19 .		MONTANT TOTAL de la reprise d'inventaire par corps ou établissement.	
	VALEUR au 31 décembre 19 .		MONTANT de la reprise d'inventaire au 1er janvier.		VALEUR au 31 décembre 19 .		MONTANT de la reprise d'inventaire au 1er janvier.										
	SERVICE courant.	RÉSERVE de guerre.	SERVICE courant.	RÉSERVE de guerre.	SERVICE courant.	RÉSERVE de guerre.	SERVICE courant.	RÉSERVE de guerre.	SERVICE courant.	RÉSERVE de guerre.	SERVICE courant.	RÉSERVE de guerre.	SERVICE courant.	RÉSERVE de guerre.	SERVICE courant.	RÉSERVE de guerre.	SERVICE courant.	RÉSERVE de guerre.

(*) Dénomination du chapitre de la nomenclature.

RÉCAPITULATION

DÉSIGNATION DES CHAPITRES	VALEUR DU MATÉRIEL au 31 décembre 19		REPRISE D'INVENTAIRE au 1ᵉʳ janvier précédent		OBSERVATIONS
	Service courant.	Réserve de guerre.	Service courant.	Réserve de guerre.	
Totaux..........					
Total général.					

Certifié le présent état récapitulatif s'élevant à la somme totale de

A , le 19 .

Le Directeur de l'Intendance,

MINISTÈRE
DE LA GUERRE.

COMPTABILITÉ-MATIÈRES.

° DIRECTION.

° BUREAU.

ANNÉE 19

SERVICE
D

MODÈLE N° 24.

Art. 75 de l'instruction du
30 décembre 1902.

Haut., 0^m,36 ; larg., 0^m,23.

ARME :

CORPS :

Stationné à

INVENTAIRE ESTIMATIF

des matières, effets et objets au compte de la masse d   existant

en magasin ou en service au 31 décembre 19   .

NOTA. — 1° Il est établi un inventaire au titre de chaque masse.

2° Les prix portés dans la colonne 6 sont ceux de la nomenclature.

Chaque effet d'habillement, d'équipement et de coiffure est inscrit, suivant l'état dans lequel il se trouve, savoir : sous le numéro détaillé de la nomenclature s'il est neuf et en ajoutant à ce numéro l'indice B, si l'effet est en cours de durée, ou l'indice I, s'il appartient au matériel d'instruction ;

3° Le total par chapitre des inscriptions faites dans la colonne 7 est inscrit dans la colonne 8.

A la fin de l'inventaire on totalise la colonne 8 et l'on obtient ainsi la valeur totale de l'inventaire.

NUMÉROS de la nomenclature par unité		DÉNOMINATION des MATIÈRES, EFFETS ET OBJETS.	UNITÉ RÉGLEMENTAIRE.	QUANTITÉS.	PRIX de L'UNITÉ.	MONTANT EN ARGENT	
sommaire.	détaillée.					par unité détaillée	par chapitre
1	2	3	4	5	6	7	8

Certifié véritable le présent inventaire, duquel il résulte que la valeur du matériel au compte de la masse de
existant en magasin ou en service au 31 décembre 19   s'élève à la somme de

SITUATION EN DENIERS DE LA MASSE.

D'après l'arrêté de la centralisation du 4° trimestre 19   , la situation en argent de la masse d   au 31 décembre 19   est, savoir :

(1ᵉʳ cas).

L'excédent des recettes sur les dépenses est de............

A déduire :

La valeur des matières et effets non payés................

Reste en avoir (ou en déficit)..............

(2° cas).

L'excédent des dépenses sur les recettes est de............

A ajouter :

La valeur des matières et effets non payés................

Déficit............

A   , le   19   .

Le Conseil d'administration,

Vu et vérifié :

Le Sous-Intendant militaire.

MINISTÈRE
DE LA GUERRE

COMPTABILITÉ-MATIÈRES.

ᵉ DIRECTION.

ᵉ BUREAU,

ANNÉE 19

SERVICE

d

ᵉ CORPS D'ARMÉE

ou

GOUVERNEMENT MILITAIRE d

ARME

N° 373 I
de la Nomenclature.

MODÈLE N° 25.

Art. 75 de l'instruction du
30 décembre 1902.

ÉTAT RÉCAPITULATIF

indiquant l'avoir en argent et en matériel au 31 décembre 19   ,

des masses de

DÉSIGNATION DES CORPS DE TROUPE.	SITUATION des MASSES EN ARGENT.		MONTANT des inventaires des matières et effets.	TOTAL.	OBSERVATIONS
	Avoir.	Déficit.			
1	2	3	4	5	6
					Les sommes portées dans la colonne 5 sont le total des colonnes 2 et 4 ou la différence des colonnes 4 et 3.
Totaux......					

Certifié le présent état récapitulatif, duquel il résulte que, au 31 décembre 19   :

1° Les masses d   présentent un avoir (*ou*) un déficit en argent de..

2° La valeur des matières et effets au compte de ces masses s'élève à la somme de..

Total........................

A   , le   19   .

L'Intendant militaire,

° CORPS D'ARMÉE.

PLACE

d

MOIS

à

N° d'enregistrement
au journal
des comptes-matières.

SERVICE

DE LA REMONTE GÉNÉRALE.

Désignation
de
l'établissement. {

N° 373 E
de la nomenclature.

MODÈLE N° 26.

Art. 48 (§ XXVIII)
de l'instruction
du 30 décembre 1902.

(1) Indiquer le grade du
commandant de l'établissement.

CERTIFICAT ADMINISTRATIF

DE REDDITION AU VENDEUR POUR VICES RÉDHIBITOIRES.

SORTIES.

Conformément aux dispositions de la loi du 2 août 1884, concernant les vices rédhibitoires dans les ventes ou échanges d'animaux domestiques, et aux instructions ministérielles sur le service de la remonte,

Le (1)   commandant de l'établissement d
certifie, ainsi que le constate le procès-verbal du   n°   mis à l'appui de
la comptabilité en deniers, que le cheva   désigné ci-après était   atteint
de vices rédhibitoires, et, par suite, que remise en a été faite en présence de
M.   vétérinaire, à M.   , vendeur, sur la production du
récépissé à talon du   n°   constatant le versement au Trésor du
prix de vente et du montant des frais de nourriture, ferrage, etc., effectués
pour ce cheva   pendant   séjour dans l'établissement.

NUMÉROS de la CLASSIFICATION		NUMÉROS D'INSCRIPTION des chevaux dans l'établissement.	CLASSEMENT DES CHEVAUX.	INDICATION des VICES RÉDHIBITOIRES	OBSERVATIONS.
sommaire.	détaillée.				

Ce certificat est imprimé sur papier gris bleuté.

NUMÉROS de la CLASSIFICATION		NUMÉROS D'INSCRIPTION des chevaux dans l'établissement.	CLASSEMENT DES CHEVAUX.	INDICATION des VICES RÉDHIBITOIRES.	OBSERVATIONS.
sommaire.	détaillée.				

A   , le   19 .

Le Vétérinaire,   *Le Commandant de l'établissement,*

Je soussigné déclare que la remise d   cheva   signalé   ci-dessus m'a été faite pour cause de vices rédhibitoires.

A   , le   19 .

Vu :
Le Sous-Intendant militaire,

MINISTÈRE
DE LA GUERRE.

DIRECTION.

—

BUREAU.

(1) Indiquer le grade et la fonction du détenteur du mobilier.

SERVICE

DE L'AMEUBLEMENT.

—

PLACE

d

MODÈLE Nº 27.

—

Art. 76 de l'instruction du 30 décembre 1902.

A établir à la main sur papier de 36 centimètres sur 23.

INVENTAIRE DESCRIPTIF

DES OBJETS MOBILIERS AFFECTÉS A L'USAGE D (1)
A L'ÉPOQUE DU   19

NUMÉROS de la NOMENCLATURE		DÉSIGNATION ET DESCRIPTION des objets.	UNITÉ RÉGLEMENTAIRE.	QUANTITÉS par UNITÉ détaillée.	OBSERVATIONS.
sommaire.	détaillée.				

L'inspecteur de l'enregistrement et des domaines, soussigné, certifie avoir procédé au récolement des objets compris au présent inventaire, en présence (1) , qui l'ont signé avec lui.

À , le 19 .

(1) Commission locale d'ameublement, etc.

(2) Indiquer le grade et la qualité de chaque signataire.

(2)

°CORPS D'ARMÉE.

PLACE

d

N° d'enregistrement
au journal
des comptes-matières.

Commande
du   19
pour

° acompto
marché.

° expédition ou extrait.

IMPUTATION.

Exercice 19 .
Chapitre ....
Article ....

SERVICE COURANT
ou
RÉSERVE DE GUERRE.

SERVICE DE L'ARTILLERIE.

Désignation
de
l'établissement.

ENTRÉE
A CHARGE DE PAYEMENT.

USINE d   M.   Propriétaire.

Numéro 378 D
de la nomenclature.

MODÈLE N° 28.

Article 48 (§ VII *bis*) de
l'instruction du 30 dé-
cembre 1902.

CERTIFICAT ADMINISTRATIF
*constatant la réception des métaux, outils
et objets divers.*

Le Sous-Directeur des forges   soussigné,
certifie qu'il a été procédé, aux usines de
par les soins de M.   , capitaine adjoint
à la sous-direction des forges, assisté de M.
ouvrier d'état auxdites forges, aux visite, épreuve
et réception des   ci-dessous détaillés,
présentés par ledit   en exécution de la
commande du   et de sa soumission,
dont l'approbation par le Ministre de la guerre,
du   ,lui a été notifiée l
le tout conformément aux instructions et règlements sur les forges, savoir :

NUMÉROS de la classification		NOMENCLATURE et DESTINATION des commandés.	UNITÉ RÉGLEMENTAIRE.	QUANTITÉS						PRIX de (1)	MONTANT EN FRANCS.	QUANTITÉS d'après l'unité règlementaire.
som-maire.	détaillée.			COM-MANDÉES.		REÇUES antérieu-rement.		REÇUES du au				
				Nombre.	Poids.	Nombre.	Poids.	Nombre.	Poids.			
			A reporter.......................									

(1) La pièce, la douzaine, le paquet ou les 100 kilogrammes.

Les certificats portant la mention *service courant* sont blancs ; ceux portant la mention *réserve
de guerre* sont de couleur aune.

NUMÉROS de la classification		NOMENCLATURE et DESTINATION des commandés.	UNITÉ RÉGLEMENTAIRE.	QUANTITÉS						PRIX de	MONTANT EN FRANCS.	QUANTITÉS d'après l'unité réglementaire.
				COMMANDÉES.		REÇUES antérieurement.		REÇUES du au				
sommaire.	détaillée.			Nombre.	Poids.	Nombre.	Poids.	Nombre.	Poids.			
		Report.........................										
		Total du décompte du fournisseur..........										

SITUATION SOMMAIRE DE LA COMMANDE.

DÉSIGNATION des (2)	QUANTITÉS (1)				OBSERVATIONS
	COM- MANDÉES.	REÇUES antérieure- ment.	REÇUES du au	RESTANT à livrer.	
Totaux.......					

Les différents (2)   présentés, ayant été visités, vérifiés et éprouvés, conformément aux règlements, ceux reconnus de bonne qualité, ayant les dimensions prescrites et propres au service de l'artillerie, ont été reçus pour le compte de l'Etat et marqués au poinçon de recette; ils comprennent par espèce les quantités suivantes :

Les objets rebutés ont été laissés au compte du fournisseur et marqués du poinçon de refus.

La présente livraison, montant à la somme de

En foi de quoi, le Sous-Directeur des forges a fait établir le présent certificat que MM.
ont signé et dont la minute lui est restée. Il en a été fait deux expéditions, dont la première sera adressée au Ministre de la guerre pour obtenir le payement de ladite livraison; la deuxième sera envoyée à la direction.

A   , le   19

(1) Nombre ou poids.
(2) Métaux, outils ou objets divers

Vu bon à prendre en charge les objets mentionnés d'autre part.

A   , le   19   .

Le (1)

Je soussigné,   certifie avoir reçu et pris en charge les objets mentionnés d'autre part.

A   , le   19   .

Vu :

Le (1)

(1) Sous-directeur, Commandant de l'artillerie ou Chef d'établissement.

'CORPS D'ARMÉE
ou
DIVISION d

d   PLACE

(1) Les inscriptions concernant le service courant sont faites avant celles concernant la réserve de guerre. La valeur des différences est totalisée distinctement.
(2) Nom et grade et fonction de l'autorité qui dresse le procès-verbal.
(3) Nom et grade du comptable.
(4) Remplir celle des trois mentions qui se rapporte au cas particulier ayant donné lieu au procès-verbal et bâtonner les deux autres à l'encre rouge.
(5) Place comptable ou établissement.
(6) Ministre, général commandant la région, etc., directeur.
(7) Nom et grade du président de la commission chargée du recensement.
(8) Nom et grade du contrôleur.

SERVICE COURANT (1)
et
RÉSERVE DE GUERRE.

SERVICE d

Désignation de l'établissement.

N° 374 1°
de la nomenclature

MODÈLE N° 29.

Art. 53 de l'instruction du 30 décembre 1902.

PROCÈS-VERBAL DE RECENSEMENT

L'an mil neuf cent   , le   ,
nous (2)
en présence de M. (3)   comptable;
Vu (4) les résultats du recensement opéré par nous dans les magasins de (5)   en exécution de l'ordre du (6)   en date du
et qui a porté sur les numéros
de la nomenclature du service;
Vu (4) le procès-verbal rapporté le
par M. (7)   en exécution de l'ordre du (6)   en date du
et qui a porté sur les numéros
de la nomenclature du service;
Vu (4) le procès-verbal rapporté le
par M. (8)   contrôleur   de l'administration de l'armée.
Déclarons que la comparaison des existants avec les écritures a fait ressortir les différences mentionnées au tableau ci-dessous :

NUMÉROS de la classification		DÉSIGNATION des MATIÈRES ou objets.	UNITÉ RÉGLEMENTAIRE.	QUANTITÉS d'après		DIFFÉREN-CES		PRIX D'UNITÉ.	DÉCOMPTE en argent		OBSERVATIONS.
sommaire.	détaillée.			les écritures.	le recensement.	en plus.	en moins.		en plus.	en moins.	

À REPORTER..............

NUMÉROS de la classification		DÉSIGNATION des MATIÈRES ou objets.	UNITÉ RÉGLEMENTAIRE.	QUANTITÉS d'après		DIFFÉRENCES		PRIX D'UNITÉ.	DÉCOMPTE en argent		OBSERVATIONS
sommaire.	détaillée.			les écritures.	le recensement.	en plus.	en moins.		en plus.	en moins.	
				REPORT.............							
				TOTAUX.............							

EXPLICATIONS DU COMPTABLE

sur les différences qui existent entre les résultats
du recensement et la balance des écritures.

CONCLUSIONS DU RAPPORTEUR.

-----

(1) Biffer *excédents* ou *déficits* s'il y a lieu.

(2) Biffer *entrée* ou *sortie* s'il n'y a que des excédents ou des déficits.

(3) Grade du comptable.

(4) Si l'opération a duré plusieurs jours, indiquer la date de la clôture.

(5) Grade et fonction du rapporteur.

Les excédents et déficits (1) signalés d'autre part ayant été, conformément à l'article 53 de l'instruction du 30 décembre 1902, portés immédiatement en entrée ou en sortie (2)   , nous sommes d'avis que

En foi de quoi nous avons dressé le présent procès-verbal, que nous avons signé avec M. (3) comptable, lequel a été invité au préalable à consigner ci-dessus ses explications.

Fait et clos à   , les jour, mois et an que dessus (4).

L (3)   *comptable,*   *Le* (5)

(1) Nom et grade du directeur.

(2) Vu pour homologation *ou bien* Vu et transmis sous les réserves indiquées ci-dessus.

(3) Grade du directeur.

CONCLUSIONS DU DIRECTEUR.

Nous (1)

directeur d

Vu le procès-verbal rapporté ci-dessus

Homologuons le dit procès-verbal, *ou bien* sommes d'avis que

Vu (2)

A , le 19 .

Le (3) *Directeur,*

DÉCISION DU MINISTRE.

Paris, le 19

Le Ministre de la guerre,

MINISTÈRE
DE LA GUERRE.

MODÈLE N° 30.
—
Art. 74 de l'instruction
du 30 décembre 1902.

SERVICE D

Désignation
de
l'établissement. {

RÉPERTOIRE DES COMMANDES.

Nota. — Le répertoire est tenu par le sous-directeur et, dans les établissements où cette fonction n'existe pas, par les chefs de ces établissements. On y inscrit les commandes au fur et à mesure qu'elles parviennent et on leur donne un numéro d'ordre dont la série annuelle est spéciale à l'établissement.

Il est réservé à chaque commande un nombre de pages suffisant pour l'inscription des commandes partielles auxquelles elles peuvent donner lieu

Aux époques fixées par le Ministre ou par le Directeur, et au moins à la fin de chaque trimestre, mention est faite au répertoire du degré d'avancement des commandes.

COMMANDE MINISTÉRIELLE. { Numéro et budget. / Date.

COMMANDE PRINCIPALE.		COMMANDES PARTIELLES.		OBJET DES COMMANDES.	INDICATION SOMMAIRE DU DEGRÉ D'AVANCEMENT des commandes.	DATE de L'ACHÈVEMENT.	NOMBRE D'HEURES de travail (salarié ou non) employées à l'exécution de la commande depuis le 1ᵉʳ janvier jusqu'à l'achèvement, ou depuis le 1ᵉʳ janvier jusq. 31 déc.	OBSERVATIONS.
Numéro.	Date.	Numéro.	Date.					

SERVICE

d

Désignation
de
l'établissement {

ATELIER DE

MODÈLE N° 31.

Art. 74 de l'instruction
du 30 décembre 1902.

Dimensions suivant les besoins des établissements.

CARNET À SOUCHE DES BONS PROVISOIRES.

Le présent carnet, contenant   *feuillets, a été coté et paraphé*
par nous, Sous-Directeur.

A   , le   19

COMPTABILITÉ-MATIÈRES

N°ˢ d'ordre DES BONS.	ATELIER DE		Numéro ou lettre de la commande.
	BON POUR LIVRAISON DE :		
N°ˢ de la nomenclature { sommaire. / détaillée. }	DÉNOMINATION DES MATIÈRES.		QUANTITÉS.

Le   19

N°ˢ d'ordre DES BONS.	ATELIER DE		Numéro ou lettre de la commande.
	BON POUR LIVRAISON DE :		
N°ˢ de la nomenclature { sommaire. / détaillée. }	DÉNOMINATION DES MATIÈRES.		QUANTITÉS.

Reçu, le   19.   Vu :

Le Chef d'atelier.   *L'Officier chargé du service,*

MODÈLE N° 32.

—

Art. 74 de l'instruction
du 30 décembre 1902.

Haut., 0ᵐ,36 ; larg., 0ᵐ 23

ANNÉE 19 .

Mois d } d

SERVICE

Désignation
de
l'Établissement. }

ATELIER DE

RELEVÉ MENSUEL DES MATIÈRES ET OBJETS

DÉLIVRÉS PAR LE MAGASIN A L'ATELIER.

N°° de la nomenclature		DENOMINATION	TOTAL			Commande n°			Commande n°			Commande n°								
sommaire	détaillée.	DES MATIÈRES ET OBJETS.	des livraisons mensuelles.																	
			Quantités.	Prix.	Valeur.	Quantités.	Prix.	Valeur.	Quantités.	Prix.	Valeur.	Quantités.	Prix.	Valeur.						
1	2	3	4	5	6	7	8	9	10	11	12	13	14	15						

Le total des livraisons effectuées dans le mois est porté dans les colonnes 4, 5 et 6 : la répartition par commande en est faite dans les colonnes suivantes. Il est ajouté des intercalaires suivant les besoins.

Quand une même unité détaillée figure sur le présent état à des prix différents, on ne porte sur la facture (modèle n° 9) que le total des quantités livrées et celui de leur valeur. Le prix de l'unité n'est pas porté, mais, dans tous les autres cas, le prix de livraison doit être porté par unité détaillée.

CERTIFIÉ conforme aux bons provisoires établis pendant le mois d

A   , le   19   .

Le   comptable.

Reçu et inscrit sur les feuilles d'ouvrage de chaque commande.

Le (1)

(1) L'officier ou l'ingénieur chargé du service.

MINISTÈRE
DE LA GUERRE.

COMPTABILITÉ-MATIÈRES.

Nota. — La première partie de l'état est établie par le comptable d'après ses écritures. La deuxième partie est établie par le sous-directeur d'après les feuilles d'ouvrage et les comptes rendus des commandes.

ANNÉE 19

SERVICE

DE L'ARTILLERIE.

Désignation
de
l'établissement.

{ N° 373 N
la nomenclature.

MODÈLE N° 32 A.

Art. 74 de l'instruction
du 30 décembre 1902.

ÉTAT COMPARATIF

entre la valeur des matières et objets délivrés aux ateliers et services d'exploitation et la valeur des matières et objets imputés aux comptes des commandes.

1re PARTIE.

N° d'enregistrement des pièces au journal.	DATES DES PIÈCES	DÉSIGNATION DES PIÈCES DE SORTIE.	MONTANT EN ARGENT		OBSERVATIONS
			par pièce.	total	
			fr. c.		
40	3 février.	Bordereau récapitulatif (janvier)..	58.012 15		(a) Exemple pour les pièces secondaires.
62	4 mars.	— — (février)..	60.110 20		
101	2 avril.	Facture de livraison à l'atelier A.	25.001 50		
80	2 avril.	Certificat administratif (Mod. n° 10)	(a)		
		A REPORTER..		144.323 85	

Nᵒˢ d'enregistrement des pièces au journal.	DATES DES PIÈCES.	DÉSIGNATION DES PIÈCES DE SORTIE.	MONTANT EN ARGENT		OBSERVATIONS.
			par pièce.	total.	
			fr. c.	fr. c.	
		REPORT.....	144.323 85		
1008	31 décemb.	Bordereau récapitulatif (décembre)	22.656 20		
		VALEUR TOTALE des matières ou objets délivrés.............	....	166.980 05	
		A DÉDUIRE *pour reversements au magasin :*			
		1º des excédents en fin de commandes.			
403	2 juin	Certificat administ. ou bordereau.	88 25		
654	3 août	Id.	708 10		
875	31 octobre.	Id.	453 50		
986	31 décemb.	Id.	350 75		
		2º des outils et objets mobiliers livrés aux ateliers au cours de l'année à titre d'augmentation d'inventaire et reversés au magasin avant le 31 décembre.			
876	31 octobre.	Certificat administratif..........	300 »		
987	31 décemb.	Id.	322 »		
		VALEUR TOTALE des reversements au magasin..................	....	2.212 60	
		VALEUR des matières et objets sortis du magasin............		164.767 45	

CERTIFIÉ véritable par le comptable soussigné.

A   , le   19   .

VU ET VÉRIFIÉ :

Le (1)

VU :

Le Directeur,

(1) Sous-directeur, Commandant de l'arrondissement, etc.

2e PARTIE.

Nota. — 1° Les commandes sont inscrites en suivant l'ordre des numéros.

2° Dans la colonne 2 on indique la nature du compte-rendu de la commande ou de la feuille d'ouvrage pour les commandes non terminées.

3° On porte dans la colonne 3 le total des sommes inscrites dans la colonne 15 du tableau E du modèle n° 41, ou bien dans la colonne 19 du modèle n° 41 A, ou bien dans la colonne 16 du modèle n° 41 B, ou bien le reste (B) de la récapitulation du modèle n° 41 C.

4° Pour les commandes non terminées au 31 décembre, on porte à la colonne 3 la valeur des matières spécialement appliquées à la commande, telle qu'elle ressort au tableau F des feuilles d'ouvrage (différence entre le montant des tableaux C et D), ainsi que la valeur des matières afférentes à la part des frais généraux qui a été imputée à ces commandes (tableau E).

Ces deux valeurs sont totalisées et le total est inscrit en regard du numéro de chaque commande sous la rubrique : « Feuille d'ouvrage de 19   . »

5° S'il y a une fraction des frais généraux d'établissement qui ne doit faire l'objet d'aucune répartition (art. 74, § XVIII c), la valeur des matières afférentes telle qu'elle ressort aux tableaux F de la feuille d'ouvrage de ces frais généraux est portée à la colonne 3 sous la rubrique : « Fraction des frais généraux d'établissement qui ne doit faire l'objet d'aucune répartition ».

NUMÉROS des COMMANDES.	DÉSIGNATION.	VALEUR des MATIÈRES.	OBSERVATIONS.
1	2	3	4
		fr. c.	
4	Compte rendu modèle n° 41 B.........	8.925 52	
5	Id.	4.640 70	
6	Id.	2.853 46	
7	Compte rendu modèle n° 41 A.........	1.518 53	
8	Id. n° 41 C.........	53.387 35	
9	Id. n° 41.........	62.500 20	
10	Id. id.	3.182 50	Commande commencée en 1903. Valeur des matières employées en 1904.
11	Id. id.	8.472 30	
12	Feuille d'ouvrage de 1904............	11.566 78	Commande non terminée au 31 décembre 1904.
13	Compte rendu modèle n° 41.........	4.283 16	
	A REPORTER........	159.330 50	

NUMÉROS des COMMANDES.	DÉSIGNATION.	VALEUR des MATIÈRES.	OBSERVATIONS.
1	2	3	4
		fr. c.	
	REPORT......	159.330 50	
F.G.E.	Fraction des frais généraux d'établissement (en ce qui concerne la valeur des matières seulement) qui ne doit faire l'objet d'aucune répartition	2.102 »	Ordre du directeur en date du 20 décembre 1904.
	VALEUR TOTALE des matières et objets appliqués aux commandes..........	161.432 50	
	A AJOUTER :		
	1° La valeur des produits intermédiaires, produits de démolition, vieilles matières, résidus de fabrication, versés en magasin du 1er janvier au 31 décembre 1904.		
	Certificat administratif (ou bordereau) n° 321................ 651 35		
	Certificat administratif (ou bordereau) n° 173 .... 1.501 40	2.152 75	
	2° Le montant de l'inventaire des ateliers au 31 décembre 1904...............	19.495 25	
	3° La valeur des outils et objets mobiliers ayant figuré sur l'inventaire des ateliers au 31 décembre 1903, et reversés au magasin au cours de l'année 1904.		
	Certificat administratif n° 56. 618 » Id. n° 318. 452 » Id. n° 464. 558 50	1.628 50	
	Ensemble........	184.709 »	
	A DÉDUIRE :		
	Le montant de l'inventaire des ateliers au 31 décembre 1903...............	19.941 55	
	Différence........	164.767 45	Égale à la valeur des matières et objets sortis du magasin.

CERTIFIÉ véritable.

A   , le   19   .

Le (1)

VU :

Le Directeur,

(1) Sous-directeur, Commandant de l'arrondissement, etc.

<table>
<tr><td>

MINISTÈRE
DE LA GUERRE.

──────

COMPTABILITÉ-MATIÈRES.

──────

Nota. — La première partie de l'état est établie par le comptable d'après ses écritures. La deuxième partie est établie par le sous-directeur d'après les comptes rendus des commandes.

</td><td>

ANNÉE 19 .

SERVICE

──────

Désignation
de
l'établissement. {

d

</td><td>

N° 373 N *bis*
de la nomenclature.

══════

MODÈLE N° 32 B.

──────

Art. 74 de l'instruction
du 30 décembre 1902.

</td></tr>
</table>

ÉTAT COMPARATIF

entre la valeur des matières et objets délivrés aux ateliers et services d'exploitation et la valeur des matières et objets appliqués aux commandes.

1re PARTIE.

N°s d'enregistrement des pièces au journal.	DATES DES PIÈCES.	DÉSIGNATION DES PIÈCES DE SORTIE.	MONTANT EN ARGENT		OBSERVATIONS
			par pièce.	total.	
1	2	3	4	5	6
		1° Pièces justificatives concernant les matières et objets compris au compte de gestion.			
8	3 février.	Facture de livraison à l'atelier A......	2.348 50		
40	4 mars.	Bordereau récapitulatif (février)......	3.618 25		
53	2 avril.	Facture de livraison à l'atelier A.....	206 13		
55	3 avril.	Id. B.....	1.723 40		
		À REPORTER..	15.788 71		

N.ᵒˢ d'enregistrement des pièces au journal.	DATES DES PIÈCES.	DÉSIGNATION DES PIÈCES DE SORTIE.	MONTANT EN ARGENT		OBSERVATIONS.
			par pièce.	total.	
1	2	3	4	5	6
		Report.....	15,788 71		
107	31 décembre.	Bordereau récapitulatif (décembre)....	4,123 54		
		Valeur totale des matières et objets délivrés......................	....	19,912 25	
		A déduire :			
		Valeur des excédents reversés au magasin en fin de commandes.			
103	2 juin.	Certificat administratif..............	882 50		
154	3 août.	Id.	701 25		
201	2 décembre.	Id.	307 69		
		Valeur totale des reversements au magasin.....................	....	1,891 44	
		Valeur des matières et objets sortis du magasin.		18,020 81	

Certifié véritable par le comptable soussigné.

A   , le   19   .

Vu et vérifié :

Le (1)

Vu : ·

Le Directeur,

(1) Chef de l'établissement, Sous directeur, Chef du génie, Commandant de l'École.

Les commandes sont inscrites en suivant l'ordre des numéros.

Dans la colonne 2 on indique la nature du compte rendu de la commande. On porte dans la colonne 3 le total des sommes inscrites aux colonnes 5, 7, 8 et 9 du tableau E du modèle n° 41 ou aux colonnes 10 du modèle 41 A, 7 du modèle 41 B et 15 du modèle 41 C.

Pour les commandes dont l'exécution se poursuit pendant plusieurs années, on porte dans la colonne 3 la valeur des matières inscrites aux tableaux C et E des feuilles d'ouvrage de l'année à laquelle l'état comparatif se rapporte, telle qu'elle figure dans la récapitulation qui termine ces feuilles d'ouvrage.

2e PARTIE.

NUMÉROS des COMMANDES.	DÉSIGNATION des COMPTES RENDUS DES COMMANDES.	VALEUR des MATIÈRES appliquées à chaque commande.	OBSERVATIONS.
1	2	3	4
2	Compte rendu modèle n° 41 A.........		
3	id. n° 41...........		
4	id. n° 41 B.........		Commande non terminée en 1904.
7	Feuille d'ouvrage de 1904...........		Valeur des matières consommées en 1904, la commande ayant été commencée en 1903.
10	Compte rendu n° 41.................		
	Valeur totale des matières et objets appliqués aux commandes.......		
	A ajouter : Montant de l'inventaire au 31 décembre 1904................		
	TOTAL.......		
	A déduire : Montant de l'inventaire au 31 décembre 1903................		
	Différence égale à la valeur des matières et objets délivrés par le magasin en 1904...........	18.020 81	

CERTIFIÉ véritable :

A   , le   19 .

Le (1)

(1) Chef de l'établissement Sous-directeur, Chef du génie, Commandant de l'école

SERVICE

D

Désignation
de
l'établissement.

MODÈLE Nᵒ 33.

—

Art. 74 de l'instruction
du 30 décembre 1902.

Dimensions suivant les besoins des établissements.

ATELIER DE

CARNET A SOUCHE

DES BULLETINS DE REMISES AU MAGASIN.

Le présent carnet, contenant   feuillets, a été coté et paraphé par
nous (1).

A   , le   19

(1) Sous-directeur, Commandant
de l'artillerie, Chef de l'établissement, Chef du génie, Commandant
de l'école

Nᵒˢ d'ordre des BULLETINS.	ATELIER DE	Numéro ou lettre de la commande.
	REMIS AU MAGASIN :	

Nᵒˢ de la nomenclature		DÉNOMINATION DU MATÉRIEL.	QUANTITÉS.
sommaire.	détaillée.		

Reçu le 19 .

Le Comptable,

Nᵒˢ d'ordre des BULLETINS.	ATELIER DE	Numéro ou lettre de la commande.
	REMIS AU MAGASIN :	

Nᵒˢ de la nomenclature		DÉNOMINATION DU MATÉRIEL.	QUANTITÉS.
sommaire.	détaillée.		

Remis le 19 .   Vu :

Le Chef d'atelier,   *L'Officier chargé du service,*

MINISTÈRE
DE LA GUERRE.

ANNÉE 19 .   D

Mois ᴅ

SERVICE

MODÈLE Nᵒ 33 A.

Art. 74 de l'instruction
du 30 décembre 1902.

Haut. 0ᵐ,36; larg. 0ᵐ,23

Désignation
de
l'établissement.

ATELIER DE

RELEVÉ MENSUEL

DES MATIÈRES ET OBJETS REMIS PAR L'ATELIER AU MAGASIN

Nota. — Dans les places d'artillerie où les remises ne sont portées en entrée que trimestriellement, l'indication du mois est remplacée par celle du trimestre.

Le total des remises effectuées pendant la période que le relevé concerne est porté dans les colonnes 4, 5 et 6. La répartition par commande est faite dans les colonnes suivantes. Il est ajouté des intercalaires suivant les besoins.

La valeur des remises effectuées n'est décomptée que pour les produits intermédiaires, les vieilles matières et les résidus à porter au tableau D des feuilles d'ouvrage, ainsi que pour les matières qui se trouvent en excédent en fin de commande.

NUMÉROS de la NOMENCLATURE		DÉSIGNATION	TOTAL DES REMISES.			COMMANDE N°			COMMANDE N°			COMMANDE N°			COMMANDE N°			COMMANDE N°			COMMANDE N°		
sommaire.	détaillée.	DES MATIÈRES ET OBJETS.	Quantités.	Prix.	Valeur.	Quantités.	Prix.	Valeur.	Quantités.	Prix.	Valeur.	Quantités.	Prix.	Valeur.	Quantités.	Prix.	Valeur.	Quantités.	Prix.	Valeur.	Quantités.	Prix.	Valeur.
1	2	3	4	5	6	7	8	9	10	11	12	13	14	15	16	17	18	19	20	21	22	23	24

Certifié conforme aux bulletins de remise établis pendant le mois de
Reçu et pris en charge les quantités ci-dessus (colonne 4).

A , le 19

Le , comptable,

Vu :

Le (1)

(1) Sous-directeur.

SERVICE

D

<table>
<tr><td>Désignation
de
l'établissement.</td><td>{</td></tr>
</table>

(1) Inscrire magasin ou atelier de... suivant que le carnet est tenu par le comptable ou le chef d'atelier.

(1)

MODÈLE Nº 34.

Art. 74 de l'instruction du 30 décembre 1902.

Haut., 0ᵐ,36 ; larg., 0ᵐ,23.

CARNET

DU MATÉRIEL EN DÉPOT DANS LE MAGASIN.

Commencé le
Terminé le

NOTA. — Il est tenu dans chaque atelier un carnet de remises provisoires destiné à recevoir l'inscription du matériel déposé en magasin avant réception définitive.

Le comptable du magasin tient un carnet semblable sur lequel il ouvre un compte à chacun des ateliers.

Quand le matériel est apporté au magasin, le chef d'atelier l'inscrit dans les colonnes 1 à 6 ; le comptable en donne reçu dans la colonne 7, il l'inscrit sur son propre carnet et le chef d'atelier certifie la remise dans la colonne 7 de ce carnet.

La colonne 8 reçoit l'indication soit de la remise définitive au magasin, soit du renvoi du matériel aux ateliers, etc. Les lignes doivent être assez espacées pour permettre de faire dans la colonne 8 toutes les inscriptions nécessaires.

NUMÉRO de la commande.	NUMÉROS de la nomenclature		DÉNOMINATION DES OBJETS.	REMISE PROVISOIRE.			DESTINATION DONNÉE AU MATERIEL.
	som- maire.	dé- taillée.		QUANTI- TÉS.	DATES.	ÉMARGEMENT	
1	2	3	4	3	6	7	8

MINISTÈRE

DE LA GUERRE.

SERVICE

MODÈLE N° 35.

Art. 74 de l'instruction
du 23 décembre 1902.

Haut., 0ᵐ,36 ; larg., 0ᵐ,23.

(1) Désignation du ser-
vice auquel appartient le
matériel (magasin, service
général de l'établissement
ou de l'usine).
(2) Sous-directeur, Di-
recteur ou Chef de corps.

Désignation
de
l'établissement
ou du corps.

(1)

CARNET A SOUCHE

DES BULLETINS DE DEMANDES A RÉPARER.

Le présent carnet contenant   feuillets, celui-ci non compris, a été
coté et paraphé par nous (2)

A   , le   19   .

INSTRUCTION SUR LA TENUE DU CARNET.

Quand du matériel doit être envoyé aux ateliers pour être réparé, les corps, établissements ou services détenteurs l'inscrivent sur le bulletin de demande à réparer (col. 1, 2, 3 et 4). Ils portent, en outre, dans la colonne 5, l'indication sommaire des réparations à faire.

Le bulletin est adressé au directeur de l'établissement chargé de les effectuer. Ce dernier y fait indiquer l'atelier à qui le matériel doit être versé et la notation de la commande.

Le détenteur reporte cette notation sur la souche; il remet le matériel à l'atelier avec le bulletin. Le chef d'atelier en donne reçu dans les colonnes 5 et 6 de la souche et le livrancier certifie la remise sur le registre (modèle n° 36) de l'atelier.

Après réparation, le représentant du corps, de l'établissement ou du service, reprend le matériel; il donne reçu sur le registre (modèle n° 36) de l'atelier qui le lui remet et le chef d'atelier certifie la remise dans les colonnes 7, 8 et 9 de la souche du présent carnet.

Le présent carnet sert également pour les commandes qui se rapportent aux modifications et transformations (art 74).

FEUILLET Nº *SOUCHE* COMMANDE Nº
du bulletin de demande à réparer.

NUMÉROS de la nomenclature		DÉNOMINATION du MATÉRIEL	ENVOI EN RÉPARATION.			RENTRÉE DE RÉPARATION.		
sommaire.	détaillée.		Quantités.	Dates.	SIGNATURE du chef d'atelier.	Quantités	Dates.	SIGNATURE du chef d'atelier.
1	2	3	4	5	6	7	8	9

COMPTABILITÉ-MATIÈRES

FEUILLET Nº   Désignation du service, du corps ou de l'établissement.   COMMANDE Nº

Bulletin de demande à réparer.

NUMÉROS de la nomenclature		DÉNOMINATION du MATÉRIEL	QUANTITÉS.	NATURE DES RÉPARATIONS
sommaire.	détaillée.			
1	2	3	4	5

NUMÉROS de la nomenclature		DÉNOMINATION du MATÉRIEL.	ENVOI EN RÉPARATION.			RENTRÉE DE RÉPARATION.		
som-maire.	dé-taillée.		Quan-tités.	Dates.	SIGNATURE du chef d'atelier.	Quan-tités.	Dates.	SIGNATURE du chef d'atelier.
1	2	3	4	5	6	7	8	9

NUMÉROS de la nomenclature		DÉNOMINATION du MATÉRIEL.	QUANTITÉS	NATURE DES RÉPARATIONS.
som-maire.	dé-taillée.			
1	2	3	4	5

(1) L'officier *ou* l'employé militaire chargé du maté-riel.

A   le   19 .

Le (1)

Bon à réparer
par l'atelier de
Commande n°
Le Sous-Directeur,

MODÈLE N° 35 A.

Art. 74 de l'instruction du
30 décembre 1902.

Haut., 0ᵐ,36 ; larg., 0ᵐ,23

MINISTÈRE
DE LA GUERRE.

(1) Désignation de l'éta-
blissement.
(2) Indication du corps
ou de l'établissement.

SERVICE

DE L'ARTILLERIE.

(1)

RELEVÉ DES DÉPENSES

faites pendant le   ᵉ trimestre 19   , pour réparation du matériel
d (2)

DÉTAIL DES RÉPARATIONS.

DÉTAIL DES DÉPENSES FAITES.

Main-d'œuvre spéciale à la commande (tableau E, col. 3).............
- Atelier d ....
- Atelier d ....
....

Frais divers (tableau E, col. 4)...............
- Atelier d ....
- Atelier d ....

Valeur des matières (tableau C).............
- Atelier d ....
- Atelier d ....
....

Frais généraux (5 p. 100 de la valeur des matières ci-dessus)......................................

TOTAL.........

A déduire : La valeur des vieilles matières et résidus (tableau D).....
- Atelier d ....
- Atelier d ....
....

MONTANT DE LA DÉPENSE......

CERTIFIÉ le présent relevé à la somme de

A   , le   19   .

Le Sous-Directeur,

Vu et VÉRIFIE le présent relevé s'élevant à la somme de

qui sera versée au Trésor par

A   , le   19   .

Le Directeur,

DÉCLARATION DE VERSEMENT AU TRÉSOR.

La somme de
a été versée au Trésor par
suivant récépissé n°   en date du

A   , le   19   .

Le

MINISTÈRE
DE LA GUERRE

SERVICE

D

MODÈLE N° 36.
—
Art. 74 de l'instruction du
30 décembre 1902.

Haut., 0",36; larg., 0",23

Désignation
de
l'établissement.

ATELIER DE

REGISTRE DES MOUVEMENTS JOURNALIERS

DU MATÉRIEL DANS LES ATELIERS

Commencé le
Terminé le

Le présent registre comprenant feuillets, celui-ci non compris, a été coté et paraphé par nous, Sous-Directeur à

A , le 19 .

Nota. — Le présent registre est tenu dans chaque atelier.

Quand du matériel à réparer est versé à un atelier, soit par le magasin, soit par le service général, soit par un des corps ou établissement de la place, soit par un autre atelier, il est inscrit immédiatement sur le registre. Le représentant du service ou du corps qui verse le matériel signe dans la colonne 8 pour certifier la remise du matériel à l'atelier. Quand ce matériel est rendu, après réparation, à celui qui l'a livré, on remplit les colonnes 9 à 11 et le reçu est donné dans la colonne 12.

Quand le matériel passe d'un atelier à un autre, il est porté en sortie par l'atelier livrancier, et en entrée par celui qui le reçoit; les chefs d'ateliers émargent réciproquement sur leurs registres.

Lorsqu'après achèvement complet, le matériel est versé au magasin, mention de ce versement est faite dans la colonne 13 (Observations) où l'on indique le numéro du bulletin de remise.

L'officier chargé de l'atelier vérifie le registre des mouvements journaliers, au moins une fois par mois, et y appose son visa daté.

Dans le service de l'artillerie, le registre est divisé en deux fascicules séparés, dont l'un est exclusivement affecté au matériel à réparer.

LETTRE OU NUMÉRO de la commande.	NUMÉROS de la nomenclature par unité		DÉNOMINATION du MATÉRIEL.	ENTRÉES.				SORTIES.				OBSERVATIONS ou détail des réparations (2).	CONSTATATION DE L'EXAMEN DU MATÉRIEL réparé.
	som-maire.	détaillée.		DATES.	ORIGINE du matériel.	QUANTITÉS.	ÉMARGEMENT de l'atelier ou du service qui livre le matériel (1).	DATES.	DESTINATION du matériel.	QUANTITÉS.	ÉMARGEMENT de l'atelier ou du service qui reçoit le matériel		
1	2	3	4	5	6	7	8	9	10	11	12	13	14
													Visité et reçu avant l'application des peintures. Le 19 . Le Sous-Directeur, ou Le Commandant de l'artillerie.

(1) Lorsque le matériel de l'établissement est envoyé en réparation, l'émargement est donné par le comptable.
(2) Ce détail des réparations à faire est signé par l'officier ou l'employé chargé de l'atelier.

MINISTÈRE
DE LA GUERRE.

ANNÉE 19

N° 373 J
de la nomenclature
des imprimés.

SERVICE

MODÈLE N° 37.

D

Art. 74 de l'instruction du
30 décembre 1902.

Désignation
de
l'établissement.

Désignation de l'atelier
ou
de la subdivision
du magasin.

Ordre ministé-riel.	N° Date.
Budget.	' section. chap., art.
État de provision.	N° Date

Numéro de la commande:

Date de la commande:

OBJET DE LA COMMANDE:

FEUILLE D'OUVRAGE.

Commencée le
Terminée le

La présente feuille d'ouvrage contenant   feuillets, celui-ci compris, a été cotée et paraphée par nous (1)

A   le   19

(1) Sous-directeur, Commandant de l'artillerie, Chef du génie, Commandant de l'école.

Instruction sur la tenue de la feuille d'ouvrage.

Emploi du modèle n° 37. — On se sert du présent modèle pour suivre le compte de toutes les commandes, à l'exception de celles qui se rapportent aux frais généraux d'établissement d'usine ou d'atelier.

Ouverture de la feuille d'ouvrage. — La feuille d'ouvrage est ouverte aussitôt après la réception de la commande par l'atelier ou le magasin intéressé. On y inscrit le numéro de la commande, qui doit être reproduit sur tous les bons et bulletins de remise qui la concernent.

La feuille d'ouvrage est immédiatement adressée au sous-directeur, qui doit la coter, la parapher et y inscrire, le cas échéant, à titre de renseignement, le numéro de l'ordre ministériel.

Tableau A. — Sert à l'inscription des diverses commandes (principales ou partielles).

Si la feuille d'ouvrage se rapporte à la réparation du matériel, on n'inscrit au tableau A que le numéro de la commande partielle, sa date, le corps, l'établissement ou le service livrancier et le numéro de série du bulletin de demande à réparer.

Tableau B. — Est destiné à faire connaitre le produit du travail des ateliers.

Quand le matériel à confectionner a acquis la forme sous laquelle il doit être versé en magasin, le versement est fait par l'atelier qui l'a terminé, au moyen de bulletins de remise (modèle n° 33). Ces bulletins sont résumés en fin de mois par le comptable dans un relevé (modèle n° 33 A) au bas duquel il donne récépissé du matériel remis. Ce relevé, portant le numéro du certificat administratif qui justifie l'entrée dans les comptes du comptable, est remis à l'atelier livrancier. Au moyen de ce relevé, le chef d'atelier inscrit au tableau B le matériel confectionné qui fait l'objet de la commande.

Le matériel réparé est remis par l'atelier qui a achevé la réparation aux corps ou service intéressés, qui en donnent reçu sur le registre n° 36. Les remises sont immédiatement inscrites, avec leur date, au tableau B.

Si la commande a pour objet des démolitions de matériel, il y a lieu d'inscrire au tableau B le mot « Néant ».

Le matériel versé au magasin après une transformation donnant lieu à un changement de classification, est inscrit sous la rubrique : « Transformation donnant lieu à un changement de classification ». Mais le changement de classification n'est effectué qu'après la réintégration en magasin. (Art. 74.)

Le matériel modifié ou réparé sans qu'il y ait lieu à changement de classification est inscrit sous la rubrique : « Matériel n'augmentant pas l'existant en écritures du compte de gestion ».

Tableau C. — Est destiné à recevoir l'inscription de toutes les dépenses en matières qui sont appliquées directement à la commande : matières et objets de consommation reçus du magasin, outils et ustensiles spéciaux à la commande reçus soit du magasin, soit d'autres ateliers.

Les matières, objets et outils sont délivrés par le magasin sur la production de bons provisoires qui sont résumés, en fin de mois, par le comptable sur un relevé (modèle n° 32). Ce relevé, qui porte le même numéro que la facture de livraison justifiant la sortie dans les écritures du comptable, est remis à l'atelier et les résultats en sont immédiatement inscrits au tableau C.

Si la commande a pour objet des démolitions de matériel, le tableau C est divisé en deux parties : la première partie sous le titre : « Matériel à démolir » reçoit l'inscription des quantités et de la valeur du matériel délivré aux ateliers pour être démoli. La seconde partie, sous le titre : « Matières et objets employés à la démolition » reçoit l'inscription des quantités et de la valeur des matières et objets délivrés aux ateliers pour effectuer la démolition. Les deux catégories de matériel ci-dessus indiquées donnent lieu à des bons provisoires, relevés et factures de livraison, distincts et séparés.

En fin de commande, les matières non consommées sont reversées en magasin et déduites du total des quantités reçues, pour faire ressortir celles qui sont imputables à la commande.

Les quantités de matières qui figurent à l'inventaire au 31 décembre, comme étant en cours de transformation dans les ateliers et services d'exploitation, sont déduites du total de quantités reçues, pour faire ressortir les consommations de l'année. Les existants au 31 décembre sont reportés sur la feuille d'ouvrage de l'année suivante comme reprise d'inventaire.

Les feuilles d'ouvrage sont destinées à fournir les éléments du prix de revient du travail exécuté; par suite, quand du matériel confectionné est délivré par le magasin aux ateliers pour subir une transformation ou recevoir une façon supplémentaire, ce matériel est inscrit au tableau C sans décompte en argent. (Exemple : agrandir l'œil d'obus, ajouter un frein à des voitures, etc.) Dans ces cas, la valeur des obus et des voitures ne doit pas être décomptée.

Tableau D. — Reçoit l'inscription mensuelle des remises faites au magasin pendant le cours du mois des produits intermédiaires qui ne peuvent être utilisés pour la commande au titre de laquelle ils ont été fabriqués, des produits de démolition, des vieilles matières et des résidus de la fabrication. Cette catégorie de matériel donne lieu à des bulletins de remise, relevés et certificats administratifs distincts et séparés.

Tableau E. — Reçoit l'inscription mensuelle du nombre d'heures de travail (salarié ou non) employées à l'exécution de la commande et des dépenses pour main-d'œuvre et frais divers qui lui sont directement applicables.

La part des frais généraux afférente à la commande est, s'il y a lieu, portée en fin d'année selon les indications du modèle.

Tableau F. — Reçoit aussitôt après l'achèvement de la commande l'inscription de la récapitulation des dépenses occasionnées par les travaux achevés.

Il est complété, en fin d'année, par l'inscription des dépenses résultant de la répartition des frais généraux.

Dans le service de l'artillerie, pour les commandes relatives aux réparations à charge de remboursement, il est ajouté à la feuille d'ouvrage un certain nombre de feuillets, sur lesquels on établit, en fin de trimestre, une récapitulation des dépenses occasionnées par les travaux achevés pendant le cours du trimestre.

On rappelle que pour ces commandes, il n'y a pas lieu à répartition des frais généraux; on se borne, pour tenir compte des dépenses supplémentaires, à ajouter cinq pour cent de la valeur des matières (art. 74).

TABLEAU A.   *Commandes principales ou partielles.*

NOTATION des COMMANDES.	DATES.	DÉTAIL DES COMMANDES.	DATES D'ACHÈVEMENT des commandes

Remises au magasin du matériel confectionné ou à divers du matériel réparé.

TABLEAU B.

Ajouter le nombre d'intercalaires nécessaires.

NUMÉROS DES RELEVÉS mensuels des bulletins de remise.	DATES DES RELEVÉS mensuels des bulletins de remise.	DESTINATION du matériel remis. (1)	*	*	*	*	*	*			*
TOTAUX......											

(*) Inscrire en suivant autant que possible l'ordre de la nomenclature, les numéros sommaires et détaillés et la dénomination du matériel.

(1) Magasin ou régiment, etc.

Tableau C.

Livraisons de matières et objets de consommation faites pour la commande.

NUMÉROS DES RELEVÉS mensuels de livraisons établis par le magasin.	DATES des RELEVÉS mensuels.	ORIGINE des MATIÈRES ET OBJETS de consommation délivrés (reprise d'inventaire ou magasin).	·	·	·	·	·	·	·	·	·	·	·	·	·	·	VALEUR DES MATIÈRES appliquées directement à la commande.	OBSERVATIONS.
		Unité........																
		Prix........																
		Totaux....................																
		À déduire :																
		Excédent reversé au magasin en fin de commande....................																
		ou :																
		Inventaire au 31 décembre 19																
		Reste à imputer à la commande....																

(*) Inscrire, en suivant autant que possible l'ordre de la nomenclature, les numéros sommaires .... la dénomination des matières et le prix.

TABLEAU D.   *Produits intermédiaires, produits de démolition, vieilles matières et résidus versés en magasin.*

NUMÉROS DES RELEVÉS mensuels des bulletins de remise.	DATES des RELEVÉS mensuels des bulletins de remise.	*	*	*	*	*	*	*	*	*	VALEUR des vieilles matières et résidus.
	Unité..... Prix										
	TOTAUX......										
NUMÉROS DES RELEVÉS mensuels des bulletins de remise.	DATES des RELEVÉS mensuels des bulletins de remise.	*	*	*	*	*	*	*	*	*	
	Unité..... Prix......										
	TOTAUX......										

VALEUR TOTALE.........................

(*) Inscrire, en suivant l'ordre de la nomenclature, les numéros sommaires et détaillés, la dénomination des matières et le prix.

Tableau E.   *Dépenses applicables à la commande en dehors de la valeur des matières détaillées au tableau C.*

DÉSIGNATION des MOIS.	NOMBRE DES HEURES de travail (salarié ou non) employées mensuellement à l'exécution de la commande.	DÉPENSES.			OBSER- VATIONS.
		MAIN-D'ŒUVRE spéciale à la commande.	FRAIS DIVERS spéciaux à la commande.	TOTAL. des colonnes 3 et 4.	
1	2	3	4	5	6
		fr. c.	fr. c.	fr. c.	
Janvier	112.463	36.591 60	312 40	36.904 00	
Février	116.378	38.451 40	559 80	39.011 20	
Mars	121.807	41.573 70	708 50	42.282 20	
Avril	128.418	47.221 30	1.451 70	48.673 00	
Mai	127.571	46.592 60	556 20	47.148 80	
Juin	127.987	46.841 30	672 30	47.513 60	
Juillet	123.612	41.396 40	582 70	41.979 10	
Août	117.544	38.752 60	753 80	39.506 40	
Septembre	114.776	36.785 30	475 40	37.260 70	
Octobre	108.342	33.423 50	327 80	33.751 30	
Novembre	102.654	31.245 70	283 50	31.529 20	
Décembre	90.287	25.884 90	146 10	26.031 00	
TOTAUX	1.391.839	464.760 30	6.830 20		
ENSEMBLE		471.590 50		471.590 50	

PART DES FRAIS GÉNÉRAUX.

DÉSIGNATION.	MAIN-D'ŒUVRE et frais divers.	MATIÈRES.	TOTAUX.
	fr. c.	fr. c.	fr. c.
Frais généraux { d'établissement	19.167 80	14.172 70	33.340 50
d'usine	11.523 40	6.762 50	18.285 90
d'atelier	2.584 10	1.847 20	4.431 30
TOTAUX	33.275 30	22.782 40	56.057 70

TABLEAU F. *Récapitulation des dépenses.*

DÉSIGNATION.	MAIN-D'ŒUVRE et frais divers.	MATIÈRES.
1	2	3
	fr. c.	fr. c.
Main-d'œuvre et frais divers spéciaux à la commande (tableau E).....................	471.590 50	»
Valeur des matières à imputer à la commande (tableau C).............................	»	722.127 30
A DÉDUIRE :		
Valeur des produits intermédiaires, produits de démolition, vieilles matières, résidus (tableau D).............................	»	72.342 60
RESTE :		
Valeur des matières spécialement appliquées à la commande.............................	»	649.784 70
A AJOUTER :		
Part des frais généraux d'établissement, d'usine et d'atelier (tableau E)...............	33.275 30	22.782 40
TOTAUX...........	504.865 80	672.567 10
ENSEMBLE.............	1.477.432 90	
(1) A reporter : feuille d'ouvrage nº 18 de 1901.	672.768 20	
— nº 15 de 1902.	841.253 40	
— nº 12 de 1903.	1.121.374 70	
TOTAL GÉNÉRAL............	3.812.829 20	

(1) Dans le cas où une commande n'est pas terminée au 31 décembre et se poursuit pendant plusieurs années.

A   , le   19   .

Le (2)

(2) L'officier chargé de l'atelier.

MINISTÈRE
DE LA GUERRE.

ANNÉE 19 .

N° 373 K
de la nomenclature
des imprimés

SERVICE
DES POUDRES ET SALPÊTRES.

MODÈLE N° 37 *bis.*

Art. 74 de l'instruction du
30 décembre 1902.

Désignation
de
l'établissement.

Désignation de l'atelier
ou
du magasin.

Ordre ministériel.	N° Date
Budget.	* section. chap., art.
État de prévision.	N° Date

Notation de la commande :
Date de la commande :

OBJET DE LA COMMANDE :

FEUILLE D'OUVRAGE

Commencée le
Terminée le

La présente feuille d'ouvrage, contenant   feuillets, celui-ci compris, a
été cotée et paraphée par nous, directeur de

A   , le   19

Instruction sur la tenue de la feuille d'ouvrage.

Ouverture de la feuille d'ouvrage. — La feuille d'ouvrage est ouverte aussitôt après la réception de la commande pour les commandes spéciales, au 1er janvier pour les commandes annuelles. On y inscrit la notation de la commande qui doit être reproduite sur tous les bons et bulletins de remise qui la concernent.

La feuille d'ouvrage est immédiatement adressée au directeur, qui doit la coter, la parapher et y inscrire, le cas échéant, la date de l'ordre ministériel.

Elle est continuée jusqu'à l'achèvement de la commande pour les commandes spéciales, jusqu'au 31 décembre pour les commandes annuelles.

Tableau A. — Sert à la transcription des détails des commandes.

Tableau B. — Fait connaître le produit du travail des ateliers.

Le versement des produits fabriqués est fait par l'atelier, soit au magasin par un bulletin de remise (modèle n° 33), soit à un autre atelier par l'inscription au registre 36.

Ces remises sont totalisées en fin de mois et inscrites au tableau B de la feuille d'ouvrage de l'atelier qui les effectue. Pour les remises en magasin, on indique le numéro du récépissé du comptable.

Tableau C. — Est destiné à l'inscription de toutes les dépenses en matières appliquées à la commande. Matières et objets de consommation reçus du magasin ou d'un autre atelier, outils, ustensiles reçus du magasin pour remplacer les objets usés de même nature. Les matières et objets sont délivrés par le magasin sur la production de bons provisoires (modèle n° 31); ceux provenant d'un autre atelier sont inscrits au fur et à mesure sur le registre 36.

En fin de mois, les matières et objets ainsi reçus sont relevés et leur total inscrit au tableau C, en ajoutant, pour les réceptions du magasin, le numéro de la pièce établie par le comptable.

Pour les matières de consommation courante qui ne figurent pas au compte de gestion, on se borne à porter la valeur des livraisons mensuelles dans l'avant-dernière colonne.

Si, en fin de commande, toutes les matières reçues n'étaient pas consommées, l'excédent serait reversé au magasin et il serait déduit du total des quantités reçues.

Les quantités de matières restant en transformation en fin d'année et qui sont constatées par l'inventaire fait au 31 décembre, sont également déduites du total des quantités reçues, pour obtenir le chiffre des quantités consommées pendant l'année.

Les restants au 31 décembre sont reportés sur la feuille d'ouvrage de l'année suivante comme reprise d'inventaire.

Tableau D. — Ce tableau reçoit l'inscription des quantités de vieilles matières et résidus versés en magasin. Les remises au magasin sont inscrites mensuellement comme pour le tableau B.

Tableau E. — En fin de mois, la dépense pour main-d'œuvre et frais divers qui est applicable directement à la commande est inscrite aux colonnes 2 et 3 tableau E.

Récapitulation. — La récapitulation est faite en fin de commande d'après les totaux des tableaux C, D et E. Il est fait une récapitulation en fin d'année pour les commandes en cours à cette époque.

TABLEAU A. *Commandes principales ou partielles.*

NUMÉROS des COMMANDES.	DATES.	DÉTAIL DES COMMANDES.	DATES D'ACHÈVEMENT des commandes.

Tableau B.   *Remises faites au magasin ou à d'autres*

ateliers du matériel confectionné.

Ajouter le nombre d'intercalaires nécessaires.

NUMÉROS DES RÉCÉPISSÉS comptables délivrés par le magasin.	DATES des récépissés du comptable ou des remises faites à d'autres ateliers.	(1) DESTINATION du matériel remis.	*	*	*	*	*	*	*	*
Totaux........										

(*) Inscrire, en suivant autant que possible l'ordre de la nomenclature, les numéros sommaires et détaillés et la dénomination du matériel.

(1) Magasin ou atelier de..

TABLEAU C.   *Livraisons de matières et objets de consommation faites pour la commande.*

NUMÉROS DES REÇUS d'avance de livraison établis par le magasin.	DATES des enlevés mensuels.	ORIGINE des MATIÈRES reçues de consommation délivrées (reprise d'inventaire, magasin ou atelier)	621-2 hors blanc termes	*	*	*	*	*	*	*	*	*	*	*	*	*	*	VALEUR DES MATIÈRES appliquées directement à la commande.	OBSERVATIONS.
		Unité. Prix.																	
	1er janvier.	Reprise d'inventaire.																	
53	31 janvier.	Du magasin.																	
53	28 février.	Du magasin.																	
	TOTAUX																		
	A DÉDUIRE : Excédent reversé au magasin en fin de commande .... ou : Inventaire au 31 décembre 19																		
	Reste à imputer à la commande....																		

(*) Inscrire, en suivant autant que possible l'ordre de la nomenclature, les numéros sommaires et détaillés, la dénomination des matières. Le prix est porté en fin d'année.

Tableau D. *Produits intermédiaires, vieilles matières et résidus versés en magasin.*

NUMÉROS DES RÉCÉPISSÉS comptables délivrés par le magasin.	DATES des RÉCÉPISSÉS.	*	*	*	*	*	*	*	*	*	VALEUR DES VIEILLES MATIÈRES ET RÉSIDUS.
	Unité.... Prix.....										
	Totaux........										
	DATES des RÉCÉPISSÉS.	*	*	*	*	*	*	*	*	*	
	Unité.... Prix.....										
	Totaux........										
	VALEUR TOTALE.....................										

(*) Inscrire, en suivant l'ordre de la nomenclature, les numéros sommaires et détaillés, la dénomination des matières et le prix.

TABLEAU E. *Dépenses de main-d'œuvre et frais divers applicables à la commande.*

DÉSIGNATION DES MOIS.	MAIN-D'ŒUVRE.	FRAIS DIVERS.	TOTAUX MENSUELS.	OBSERVATIONS.
1	2	3	4	5
Totaux.				

RÉCAPITULATION DES DÉPENSES.

Main-d'œuvre et frais divers (tableau E).....................

Valeur des matières appliquées directement à la commande (tableau C)..................................

Valeur des matières (part des frais généraux) (tableau E)·

TOTAL...............

A déduire : Valeur des vieilles matières (tableau D)....

Reste pour dépenses en matières....................

TOTAL.........................

(1) A reporter : Feuille d'ouvrage n° ....

—   Feuille d'ouvrage n° ....

—   Feuille d'ouvrage n° ....

TOTAL..... ....

A   , le   19

Le (2)

(1) Dans le cas où une commande n'est pas terminée et se poursuit pendant plusieurs années.

(2) L'ingénieur chargé de l'atelier

MINISTÈRE
DE LA GUERRE.

N° 373 L
de la nomenclature.

MODÈLE N° 38.

Art. 74 de l'instruction
du 30 décembre 1902.

ANNÉE 19

SERVICE

D

Désignation
de
l'établissement.

Désignation
de
l'atelier.

FRAIS GÉNÉRAUX

d (1)

FEUILLE D'OUVRAGE.

Commencée le

Terminée le

La présente feuille d'ouvrage contenant   feuillets, celui-ci
compris, a été cotée et paraphée par nous (2),

A   , le   19

(1) de l'atelier de......
   (*ou*) d'établissement.
   (*ou*) d'usine.
   (2) Directeur *ou* Sous directeur,
Commandant de l'artillerie Chef de
l'établissement, Chef du génie, Commandant de l'école

Instruction sur la tenue de la feuille d'ouvrage.

Emploi du modèle n° 38. — Cette feuille d'ouvrage est employée pour toutes les commandes relatives aux frais généraux d'atelier, d'établissement ou d'usine.

Il en est ouvert une le 1ᵉʳ janvier :

Dans chaque atelier, pour les frais généraux de cet atelier ;

Dans chaque place ou établissement, pour les frais généraux d'établissement ;

Et, dans les cas prévus par l'instruction, pour les frais généraux d'usine.

En outre, quand un atelier reçoit des commandes partielles pour confections ou réparations à faire au compte des frais généraux d'un autre atelier, de l'établissement ou de l'usine, il ouvre des feuilles d'ouvrage modèle n° 38 au titre des frais généraux de cet atelier, de l'établissement ou de l'usine.

Toutes les feuilles d'ouvrage modèle n° 38 sont continuées jusqu'au 31 décembre. Les dépenses y sont totalisées par mois, pour en permettre la répartition entre les diverses commandes.

Les consommations en fin de mois sont toujours considérées comme égales aux perceptions faites pendant le mois, sauf à l'arrêté du 31 décembre, où on opère conformément à l'instruction insérée au modèle n° 37.

Tableau A. — L'officier ou l'employé militaire chargé de la tenue de la feuille d'ouvrage des frais généraux d'atelier, d'établissement ou d'usine inscrit dans ce tableau les commandes partielles faites aux divers ateliers pour le compte de la commande.

Tableau B. — N'existe pas dans le modèle n° 38.

Tableaux C et D. — Sont tenus comme ceux de la feuille d'ouvrage modèle n° 37.

Toutefois, le tableau D de la feuille d'ouvrage des frais généraux d'établissement mentionnera pour mémoire la valeur des résidus et vieilles matières versés au magasin au titre des frais généraux d'atelier.

Tableau C1. — Sont classées dans ce tableau, en les distinguant suivant leur nature, les diverses dépenses imputables aux frais généraux, à l'exception :

1° Des dépenses pour main-d'œuvre qui doivent figurer à la colonne 3 du tableau E ;

2° Des dépenses relatives aux matières, objets mobiliers, outils et objets de consommation délivrés par le magasin, qui doivent être inscrites au tableau C.

On ne doit en aucun cas y inscrire des dépenses pour achat d'outillage, d'objets mobiliers ou d'effets de travail, ces effets ou objets devant être pris en charge d'abord dans le compte de gestion et facturés ensuite, s'il y a lieu, aux ateliers, soit à titre d'augmentation d'inventaire, soit pour être appliqués aux commandes.

Tableau E. — Chaque atelier qui a ouvert une feuille d'ouvrage pour une commande partielle à exécuter au compte des frais généraux d'établissement d'usine, ou d'un autre atelier, récapitule mensuellement dans ce tableau le nombre d'heures de travail (salarié ou non) et les dépenses pour main-d'œuvre et pour frais divers appliquées pendant le mois à cette commande partielle, et en fait connaître le montant aux officiers chargés de la tenue des feuilles d'ouvrage de la commande principale de ces mêmes frais généraux. Ces officiers récapitulent mensuellement au tableau E les heures de travail (salarié ou non) et les dépenses pour main-d'œuvre et frais divers faites au titre de ces commandes par les divers services ou ateliers de la place ou de l'établissement.

Tableau E1. — Reçoit, en fin d'année, l'inscription, par commande non terminée au 31 décembre, de la part des dépenses pour frais généraux qui sont applicables à ces commandes.

Tableau F. — Reçoit, en fin d'année, l'inscription par mois des sommes à répartir sur l'ensemble des commandes, telles qu'elles résultent du tableau E (colonne 6 pour la main-d'œuvre et les frais divers, et colonne 9 pour les matières); on en déduit le montant des dépenses imputées aux commandes non terminées au 31 décembre (tableau E1) et s'il y a lieu, la fraction des frais généraux d'établissement qui ne doit faire l'objet d'aucune répartition ; le reste représente la somme à répartir sur les commandes qui ont été terminées dans le cours de l'année.

TABLEAU A. *Commandes partielles se rattachant au service général d (1)*

NUMÉROS des COMMANDES.	DATES.	DÉTAIL DES COMMANDES.	DATES D'ACHÈVEMENT des commandes.

(1) De l'atelier, de l'établissement ou de l'usine.

TABLEAU C.   *Livraisons des matières et objets faites par le magasin pour le service général (1).*

(1) De l'atelier.
De l'établissement
De l'usine.

NUMÉROS DES RELEVÉS mensuels de livraison établis par le magasin.	DATES des relevés mensuels.	ORIGINE des MATIÈRES ET OBJETS délivrés (Reprise de l'inventaire ou magasin.)	*	*	*	*	*	*	*	*	*	*	*	*	*	*	VALEUR des MATIÈRES appliquées directement à la commande.	OBSERVATIONS.
		Unité...... Prix.......																
	Totaux																	
	À DÉDUIRE : Excédent reversé au magasin en fin de commande................ ou : Inventaire au 31 décembre 19																	
	Reste à imputer à la commande......																	

(*) Inscrire, en suivant autant que possible l'ordre de la nomenclature, les numéros sommaires et détaillés, la dénomination des matières et le prix.

TABLEAU   .   *Dépenses diverses imputables aux frais généraux.*

DÉSIGNATION DES MOIS.												TOTAUX MENSUELS.	OBSERVATIONS
Janvier............													
Février............													
Mars..............													
Avril..............													
Mai...............													
Juin...............													
Juillet............													
Août..............													
Septembre.........													
Octobre...........													
Novembre.........													
Décembre.........													
TOTAUX......													

DÉSIGNATION DES MOIS.													
Janvier............													
Février............													
Mars..............													
Avril..............													
Mai...............													
Juin...............													
Juillet............													
Août..............													
Septembre.........													
Octobre...........													
Novembre.........													
Décembre.........													
TOTAUX......													

TOTAL annuel............

TABLEAU D. *Vieilles matières et résidus versés en magasin.*

NUMÉROS DES RELEVÉS mensuels des bulletins de remise.	DATES DES RELEVÉS mensuels des bulletins de remise.	*	*	c.	*	*	*	*	*	*	VALEUR DES VIEILLES MATIÈRES et résidus.
	Unité....... Prix.......										
	Totaux.......										

NUMÉROS DES RELEVÉS mensuels des bulletins de remise.	DATES DES RELEVÉS mensuels des bulletins de remise.	c.	*	*	*	*	*	*	*	*	
	Unité....... Prix.......										
	Totaux.......										

VALEUR TOTALE ....

(Pour mémoire.) VALEUR TOTALE des vieilles matières et résidus versés au magasin au titre des frais généraux d'ateliers (1).............................

(*) Inscrire, en suivant l'ordre de la nomenclature, les numéros sommaires et détaillés, la dénomination des matières et le prix.

(1) Cette ligne ne sera remplie que sur la feuille d'ouvrage des frais généraux d'établissement.

TABLEAU E. *Décompte par mois des dépenses imputables à la commande des frais généraux d*

DÉSIGNATION de la COMMANDE PRINCIPALE et des commandes partielles.	NOMBRE DES HEURES de travail (salarié ou non) employées mensuellement à l'exécution de la commande.	DÉPENSES POUR MAIN-D'ŒUVRE et frais divers.			DÉPENSES POUR MATIÈRES.			TOTAL des colonnes 5 et 8.
		Main-d'œuvre employée à l'exécution de la commande.	Frais divers. (Tableau C¹.)	Total des colonnes 3 et 4.	Valeur des matières employées à la commande. (Tabl. C)	A déduire : valeur des résidus. (Tabl. D.)	Différence entre les colonnes 6 et 7.	
1	2	3	4	5	6	7	8	9
Mois de janvier 19 .								
Commande F G......								
Commande F G¹......								
Commande F G²......								
TOTAUX								
Mois de février 19 .								
Commande F G......								
Commande F G¹......								
TOTAUX								
Mois de mars 19 .								
TOTAUX								
Mois d'avril 19 .								
TOTAUX								
Mois de mai 19 .								
TOTAUX								
Mois de juin 19 .								
TOTAUX								

DÉSIGNATION de la COMMANDE PRINCIPALE et des commandes partielles.	NOMBRE DES HEURES de travail (salarié ou non) employées mensuellement à l'exécution de la commande.	DÉPENSES POUR MAIN-D'ŒUVRE et frais divers.			DÉPENSES POUR MATIÈRES.			TOTAL des colonnes
		Main-d'œuvre employée à l'exécution de la commande.	Frais divers. (Tableau C1.)	Total des colonnes 3 et 4.	Valeur des matières employées à la commande. (Tabl. C)	A déduire : valeur des résidus. (Tabl. D.)	Différence entre les colonnes 6 et 7.	
1	2	3	4	5	6	7	8	9
Mois de juillet 19 .								
TOTAUX								
Mois d'août 19 .								
TOTAUX								
Mois de septembre 19 .								
TOTAUX								
Mois d'octobre 19 .								
TOTAUX								
Mois de novembre 19 .								
TOTAUX								
Mois de décembre 19 .								
TOTAUX								

Tableau E¹. *Part des frais généraux d'*   *imputée aux*
commandes non terminées au 31 décembre 19   .

NUMÉROS des COMMANDES.	DÉSIGNATION DES COMMANDES.	MAIN-D'ŒUVRE et frais divers	MATIÈRES.	TOTAL des colonnes 3 et 4.	OBSERVA-TIONS.
1	2	3	4	5	6
	TOTAUX.........				

TABLEAU F.   *Récapitulation des dépenses à répartir, en fin d'année, sur les commandes terminées au 31 décembre.*

DESIGNATION DES MOIS.	MAIN-D'ŒUVRE et frais divers (colonne 5 du tableau E).	MATIÈRES (colonne 8 du tableau E).	TOTAUX (colonne 9 du tableau E).
1	2	3	4
Mois de janvier....................			
— février....................			
— mars....................			
— avril....................			
— mai....................			
— juin....................			
— juillet....................			
— août....................			
— septembre....................			
— octobre....................			
— novembre....................			
— décembre....................			
DÉPENSES TOTALES DE LA COMMANDE.			
A DÉDUIRE :			
1° Part imputée aux commandes non terminées au 31 décembre (tableau E);			
2° Fraction des frais généraux d'établissement qui ne doit faire l'objet d'aucune répartition (1)............			
ENSEMBLE........			
RESTE à répartir sur les commandes terminées au 31 décembre.........			

A   , le   19   .

Le (2)

VU :
Le Directeur,

(1) Pour les frais généraux d'établissement seulement (art. 74).
(2) Sous-directeur, *ou* Commandant d'arrondissement, *ou* Officier chargé de l'atelier.

MINISTÈRE

DE LA GUERRE.

MODÈLE N° 39.

Art. 74 de l'instruction
du 30 décembre 1902.

Haut 0ᵐ,36; larg. 0ᵐ,23

ANNÉE 19   .

SERVICE

D

Désignation
de
l'établissement.

ATELIER D

ou SERVICE

INVENTAIRE

*des matières et objets existant dans ledit atelier ou service
au 31 décembre 19   .*

NOTA. — On comprend dans le présent inventaire les matières et objets de consommation qui ont été portés en entrée à la feuille d'ouvrage (tableau C) et qui se trouvent en cours de transformation au 31 décembre.

Les objets mobiliers, outillages et outils figurant sur l'inventaire tenu par le chef d'atelier sont compris dans une colonne spéciale du présent inventaire.

Dans les décomptes partiels en argent, toute fraction de centime supérieure à 5 millimes est comptée pour un centime; toute fraction inférieure est négligée.

NUMÉROS de la NOMENCLATURE		DENOMINATION DES MATIÈRES ET OBJETS.	UNITÉ RÉGLEMENTAIRE.	INDICATION DES 1				
sommaire.	détaillée.			Commande n° 7.	Commande n° 10.	Commande n° 15.	Commande n° 18.	Commande n°
141	4	Bronze de fabrication.........	Kil.	48 10 » »	54 70 » »	50 45		
141	5	Bronze en alliage préalable....	Kil.	23 19		6 00	30 21	

TANTS PAR COMMANDE.						OBJETS MOBILIERS ET OUTILS.	QUANTITÉS		PRIX DE L'UNITÉ.	DÉCOMPTE EN ARGENT	
Commande n°	Commande n°	Commande n°	Commande n°	Commande n°	Commande n°		par prix.	par unité détaillée.		partiel.	total.
							102 80		2 10	216 28	
							50 45		2 20	110 99	
				N° 141-4. — Totaux.				153 25			327 27
						●	29 19		1 95	56 92	
							30 21		2 03	41 12	
				N° 141-5. — Totaux.				59 40			98 04

Certifié le présent inventaire aux quantités y indiquées.

A   . le

L (1)

Vu et vérifié

Le (2)

(1) Officier *ou* ingénieur chargé de l'atelier.
(2) Sous-directeur, Commandant de l'artillerie, Chef de l'établissement, Chef du génie, Commandant de l'école.

MINISTÈRE
DE LA GUERRE.

COMPTABILITÉ-MATIÈRES.

ANNÉE 19

SERVICE

d

MODÈLE N° 40

Art. 74 de l'instruction
du 30 décembre 1902.

Haut., 0^m,36 ; larg., 0^m,23

Désignation
de
l'établissement.

INVENTAIRE GÉNÉRAL

des matières et objets existant dans les ateliers et les services d'exploitation à la date du 31 décembre.

NUMÉROS de la NOMENCLATURE		DÉNOMINATION DES MATIÈRES ET OBJETS.	UNITÉ RÉGLEMENTAIRE.	QUANTI-TÉS PAR UNITÉ détaillée.	DÉCOMPTE EN ARGENT	
som-maire.	détail-lée.				par unité détail-lée.	par chapitre.
		CHAPITRE				
141	4	Bronze de fabrication............	K°	153 25	327 27	»
		— en alliage préalable........	K°	59 40	98 04	»

Certifié le présent inventaire aux quantités qui y sont portées et qui sont égales aux totaux des inventaires établis par les ateliers et services d'exploitation.

A   , le   19   .

Vu et vérifié :   *Le Sous-Directeur.*

        Le Directeur

MINISTÈRE
DE LA GUERRE.

—

COMPTABILITÉ-MATIÈRES

ANNÉE 19

SERVICE

DE L'ARTILLERIE

N° 273 F
de la nomenclature.

MODÈLE N° 40 A.

Art. 74 de l'instruction
du 30 décembre 1902.

Désignation
de
l'établissement.

INVENTAIRE GÉNÉRAL

*des matières et objets existant dans les ateliers et les services
d'exploitation à la date du 31 décembre.*

NUMÉROS de la NOMENCLATURE		DÉNOMINATION DES MATIÈRES ET OBJETS.	UNITÉ RÉGLEMENTAIRE.	QUANTI- TÉS PAR UNITÉ détaillée.	DÉCOMPTE EN ARGENT	
som- maire.	détail- lée.				par unité détail- lée.	par chapitre.
		CHAPITRE				
141	4	Bronze de fabrication.....	K⁽ᵉ⁾	153 25	327 27	»
		— en alliage préalable..........	K⁽ᵉ⁾	59 40	08 04	»
		A REPORTER........				

NUMÉROS de la NOMENCLATURE		DÉNOMINATION DES MATIÈRES ET OBJETS.	UNITÉ RÉGLEMENTAIRE.	QUANTI-TÉS PAR UNITÉ détaillée.	DÉCOMPTE EN ARGENT	
som-maire.	détail-lée.				par unité détail-lée.	par chapitre
		REPORT.........				
		TOTAL GÉNÉRAL.................				

Comparaison entre le présent inventaire et celui de l'année précédente.

AUGMENTATIONS		DIMINUTIONS		OBSERVATIONS
Numéros des pièces comptables ou des feuilles d'ouvrage des commandes non terminées au 31 décembre 1903.	MONTANT	Numéros des pièces comptables ou des feuilles d'ouvrage des commandes non terminées au 31 décembre 1902.	MONTANT	
	francs		francs	Les objets ou matières en transformation au 31 décembre au titre des commandes non terminées, figurant sur l'inventaire sans pièces comptables spéciales à l'appui, il est nécessaire d'inscrire les numéros des feuilles d'ouvrage qui correspondent à ces commandes non terminées :
Factures. n° 300.	800	Certificats administratifs. n° 300.	600	
Factures. n° 301.	500	Certificats administratifs. n° 301.	15	
Factures. n° 302.	25	Certificats administratifs. n° 302.	80	
Feuilles d'ouvrage de 1903. n° 37.	1.800	Feuilles d'ouvrage de 1902. n° 13.	600	1° Dans la colonne 1, pour les commandes non terminées au 31 décembre de l'année courante (1903);
Feuilles d'ouvrage de 1903. n° 41.	2.000	Feuilles d'ouvrage de 1902. n° 15.	300	2° Dans la colonne 2, pour les commandes non terminées au 31 décembre de l'année précédente (1902), ces restants étant pris en charge comme reprises d'inventaire au 1er janvier (1903) suivant sur les feuilles d'ouvrage de l'année courante (1903).
Feuilles d'ouvrage de 1903. n° 50.	800	Feuilles d'ouvrage de 1902. n° 22.	900	
TOTAL....	5.125	TOTAL....	2.445	

Montant de l'inventaire au 31 décembre de l'année précédente (1902).....	202.050
Augmentations..............	5.125
TOTAL............	207.175
Diminutions................	2.445
Montant de l'inventaire au 31 décembre de l'année courante (1903).....	204.730

CERTIFIÉ le présent inventaire aux quantités qui y sont portées et qui sont égales aux totaux des inventaires établis par les ateliers et services d'exploitation.

Le total général se monte à (1)

A , le 19

Vu et VÉRIFIÉ :

Le Directeur,

Le (2)

(1) En toutes lettres.
(2) Sous-directeur, Commandant de l'arrondissement, etc.

MINISTÈRE

DE LA GUERRE.

d

Désignation
de
l'établissement. {

Numéro de la commande ministérielle :

Date :

Commencée le

Terminée le

ANNÉE 19

SERVICE

Nº 373 M
de la nomenclature.

MODÈLE Nº 41.

Art. 74 de l'instruction
du 30 décembre 1902.

Ordre ministériel.	Nº Date
Budget. {	section. Chap. Art.
État de prévision.	Nº Date

OBJET DE LA COMMANDE :

COMPTE RENDU

D'EXÉCUTION DE COMMANDE.

INSTRUCTION POUR L'ÉTABLISSEMENT DU COMPTE RENDU
DE COMMANDE.

Tableau B. — Les objets du matériel confectionnés qui ont été remis en magasin après confection ou remis à divers après réparation sont inscrits dans les colonnes 1, 2, 3 en suivant l'ordre de la nomenclature. On indique dans les colonnes suivantes les quantités qui, d'après les tableaux B des feuilles d'ouvrage, ont été remises par chaque atelier.

Tableau C. — Les matières et objets délivrés aux ateliers pour l'exécution de la commande sont inscrits aux colonnes 1, 2 et 3, suivant l'ordre de la nomenclature.

Si des prix différents ont été attribués à la même matière, elle est inscrite sous autant de lignes qu'il y a eu de prix différents.

Une colonne est réservée pour chaque atelier. On inscrit dans cette colonne les totaux du tableau C de la feuille d'ouvrage tenue par cet atelier pour la commande. Quand une commande dure plusieurs années et que, par suite, il lui a été ouvert plusieurs feuilles d'ouvrage dans le même atelier, une colonne est affectée à chacune de ces feuilles, avec indication de l'année à laquelle elle se rapporte.

La valeur de chaque matière est décomptée dans la dernière colonne, dont le total doit être égal à celui des décomptes qui figurent sur les feuilles d'ouvrage (tableau C).

Tableau D. — Est établi comme il est indiqué plus haut pour le tableau C.

Tableau E. — La colonne 1 mentionne tous les ateliers qui ont concouru à l'exécution de la commande. Quand, dans les commandes qui ont duré plusieurs années, un atelier a ouvert plusieurs feuilles d'ouvrage, chacune d'elles est inscrite séparément, avec indication de l'année à laquelle elle se rapporte.

Les colonnes 2 à 6, et 11 à 14 reproduisent les indications des tableaux E des feuilles d'ouvrage, et les colonnes 8 et 9 les totaux des comptes inscrits aux tableaux C et D ci-dessus.

Les dépenses sont détaillées par exercice et par chapitre du budget.

TABLEAU B. **Remises au magasin**
du matériel confectionné, ou à divers, du matériel réparé.

NUMÉROS de la nomenclature		DÉSIGNATION DES MATIÈRES et objets.	UNITÉ RÉGLEMENTAIRE.	(1)	(1)	(1)	(1)	(1)	(1)	(1)	TOTAUX.
sommaire.	détaillée.										
1	2	3	4	5	6	7	8	9	10	11	12

(1) Désigner les ateliers qui ont remis au magasin ou à divers.

Tableau C.   *Livraisons de matières et objets de consommation faites pour la commande.*

| NUMÉROS de la NOMENCLATURE | | DÉSIGNATION DES MATIÈRES ET OBJETS. | Unité réglementaire. | Atelier d | Atelier d | | | | | | | | | | | | | | TOTAL. | PRIX de l'unité. | VALEUR DES MATIÈRES appliquées directement à la commande. |
| sommaire. | détaillée. | | | | | | | | | | | | | | | | | | | | |
1	2	3	4	5	6	7	8	9	10	11	12	13	14	15	16	17	18	19	20	21

Versements au magasin des produits inter-

médiaires, des vieilles matières et résidus.

NUMÉROS de la NOMENCLATURE		DÉSIGNATION DES MATIÈRES ET OBJETS.	Unité réglementaire.	Atelier d	Atelier d													TOTAL.	PRIX de la nomenclature.	VALEUR des produits intermédiaires, vieilles matières et résidus.
sommaire.	détaillée.																			
1	2	3	4	5	6	7	8	9	10	11	12	13	14	15	16	17	18	19	20	21

Tableau E.   *Récapitulation des dépenses*

de la commande.

DÉSIGNATION DES ATELIERS et, s'il y a lieu, des années successives d'exécution (1) de la commande, ainsi que des chapitres budgétaires sur lesquels les dépenses ont été imputées.	MAIN-D'ŒUVRE ET FRAIS DIVERS. (Tableau E des feuilles d'ouvrage.)						MATIÈRES.								MONTANT
	Spéciaux à la commande.	PART DES FRAIS GÉNÉRAUX				TOTAL des colonnes 2 et 6.	MATIÈRES SPÉCIALES À LA COMMANDE. (Tableaux C et D des feuilles d'ouvrage.)			PART DES FRAIS GÉNÉRAUX. (Tableau E des feuilles d'ouvrage.)				TOTAL des colonnes 10 et 14.	TOTAL des dépenses. (Total des colonnes 7 et 15.)
		d'établissement.	d'usine.	d'atelier.	TOTAL des colonnes 3, 4 et 5.		Matières imputées à la commande (Tableau C).	A déduire : Valeur des résidus (Tableau D).	Différence entre les colonnes 8 et 9.	d'établissement.	d'usine.	d'atelier.	TOTAL des colonnes 11, 12 et 13.		
1	2	3	4	5	6	7	8	9	10	11	12	13	14	15	16
Atelier d ⎰ 1902 {chap. / chap.} 1903 {chap. / chap.}															
Atelier d ⎰ 1902 {chap. / chap.} 1903 {chap. / chap.}															
Totaux des dépenses par année d'exercice. 1902 {chap. / chap.} 1903 {chap. / chap.}															
Dépenses totales de la commande..............															

Certifié véritable le présent compte rendu, duquel il résulte que la dépense effective de la commande s'est élevée à

et que le prix de l'unité ressort à

A   , le   19

Le (2)

Vu et vérifié :
Le Directeur

(1) Employer une encre différente pour chaque année, lorsqu'il s'agit de commandes ayant duré plusieurs années.
(2) Sous-directeur Commandant de l'artillerie, Chef du génie, commandant de l'école.

COMPARAISON entre l'état de prévision et le montant total des dépenses de la commande. — Explications des différences.

	MAIN-D'ŒUVRE.	MATIÈRES.
La dépense suivant le devis adressé au Ministre était évaluée à.............................		
Elle a été en réalité de......................		
DIFFÉRENCE en plus...		
— en moins..		

EXPLICATIONS :

MINISTÈRE
DE LA GUERRE.

COMPTABILITÉ-MATIÈRES.

ANNÉE 19 .

»

SERVICE

N° 373 0
de la nomenclature

MODÈLE N° 41 A.

Art. 74 de l'instruction du 30 décembre 1902.

Désignation
de la direction,
de la place
ou de l'établissement.

COMPTE RENDU ANNUEL

d'exécution de commande pour menues confections et pour fabrications, confections et transformations ne dépassant pas 3,000 francs.

NOTA. — 1° Le présent modèle est employé pour toutes les commandes relatives aux menues confections, c'est-à-dire à celles dont les états de prévision ne dépassent pas 300 francs. (Art. 74.)

Il y a lieu de totaliser toutes les commandes de ce genre imputables à un même chapitre du budget sans se préoccuper si le montant total dépasse ou non 3.000 francs ;

2° Pour les commandes des menues confections, aucune inscription n'est portée dans la colonne 25 ;

3° Le présent modèle est employé également pour les commandes spéciales dont le montant total ne dépasse pas 3.000 francs. (Art. 74.)

PRODUIT DES FABRICATIONS, confections, etc. — **MAIN-D'ŒUVRE ET FRAIS DIVERS** (Tableaux B des feuilles d'ouvrage.) — **VALEUR** — **DES MATIÈRES.** — **DÉPENSES** — **MONTANT** — **DIFFÉRENCE**

1	2	3	4	5	6	7	8	9	10	11	12	13	14	15	16	17	18	19	20	21	22	23	24	25
Numéros de la classification (sommaire)	(détaillée)	DÉSIGNATION des matières ou objets.	QUANTITÉS.	DÉSIGNATION des ateliers.	Spéciaux à la commande	PART DES FRAIS GÉNÉRAUX — d'établissement.	d'usine.	d'atelier.	Total des colonnes 7, 8 et 9.	TOTAL des colonnes 6 et 10.	Matières imputées à la commande. (Tableaux C)	À déduire : Valeur des résidus (tableaux D).	Différence entre les colonnes 12 et 13.	PART DES FRAIS GÉNÉRAUX (Tableaux E des feuilles d'ouvrage.) — d'établissement.	d'usine.	d'atelier.	Total des colonnes 15, 16 et 17.	TOTAL des colonnes 14 et 18.	DÉPENSES TOTALES de la commande (Total des colonnes 11 et 19.)	MONTANT TOTAL des états de prévision.	DIFFÉRENCE entre les colonnes 20 et 21 — en plus.	en moins.	EXPLICATIONS sur les différences.	PRIX de revient de l'unité.

CHAPITRE DU BUDGET. { Ordre ministériel du 15 mars 1903. / Commande n° 15 du 26 mars 1903. } 5 Voitures médicales régimentaires modèle 1888. { Commencé le 2 avril 1903. / Terminé le 30 mai 1903. }

1	2	3	4	5
105	11	Voitures médicales régimentaires mod. 1888	5	Charrons..
				Forgerons,
				Bourreliers
				Peintres...
				Débit des bois ....
				Totaux..

Explications (col. 24) : Main-d'œuvre. | Matières. — (1) — (2)

La différence sur la main d'œuvre provient de

La différence sur les matières provient de

CHAPITRE DU BUDGET. — Commande annuelle n° du

Indiquer ici la nature et les quantités du matériel confectionné.

— Menues confections (matériel d'artillerie et des équipages militaires).

CERTIFIÉ VÉRITABLE :

A   , le   19 .

MINISTÈRE

DE LA GUERRE.

COMPTABILITÉ-MATIÈRES.

(1) A titre gratuit ou à charge de paiement.

ANNÉE 19 .

SERVICE

D

Désignation de la direction, de la place ou de l'établissement.

N° 373 P
de la nomenclature

MODÈLE N° 41 B.

Art. 74 de l'instruction du 30 décembre 1902.

COMPTE RENDU ANNUEL

*d'exécution des commandes pour manutention, entretien, réparation
du matériel de l'établissement et pour réparation à (1)
du matériel d'autres établissements.*

NOTA. — 1° Pour les commandes relatives au matériel de l'établissement, on inscrit dans la colonne 18 la valeur du matériel au 1er janvier de l'année et les frais d'entretien ressortant à la colonne 17. En y ajoutant, s'il y a lieu, les frais des réparations exécutées dans d'autres établissements, on a la dépense totale d'entretien; et on en déduit la dépense par 1.000 francs de matériel, par arme portative ou par harnachement.

2° Pour les commandes relatives au matériel d'autres établissements, le chiffre de la dépense totale (colonne 17) est adressé à l'établissement intéressé.

3° Pour les réparations à charge de paiement, on ne porte aucune inscription dans les colonnes 4, 5, 6, 12, 13, 14 et 15. On porte seulement dans la colonne 7 le vingtième (soit 5 p. 100) de la valeur des matières appliquées à la commande. Dans la colonne 18 on porte les dates et les numéros des récépissés de versement au Trésor.

DÉSIGNATION des établissements auxquels appartient le matériel réparé ou manutentionné.	DÉSIGNATION des ateliers.	MAIN-D'ŒUVRE ET FRAIS DIVERS (Tableaux E des feuilles d'ouvrage.)						VALEUR [DES MATIÈRES] SPÉCIALES À LA COMMANDE (Tableaux C et D des feuilles d'ouvrage.)			[DES MATIÈRES] PART DES FRAIS GÉNÉRAUX (Tableaux E des feuilles d'ouvrage).			TOTAL des colonnes 11 et 15.	DÉPENSES TOTALES des commandes (Total des colonnes 8 et 16.)	OBSERVATIONS.
		spéciaux à la commande.	PARTAGE DES FRAIS GÉNÉRAUX			TOTAL des colonnes 4, 5 et 6.	TOTAL des colonnes 3 et 7.	imputée à la commande (tableau C).	à déduire (tab. D).	Différence entre les colonnes 9 et 10.	d'usine.	d'atelier.	Total des colonnes 12, 13 et 14.			
			d'établissement	d'usine.	d'atelier.											
1	2	3	4	5	6	7	8	9	10	11	13	14	15	16	17	18

1re PARTIE. — COMMANDES RELATIVES [AU] **MATÉRIEL DE L'ÉTABLISSEMENT.**

[Manutention, entretien, réparations. — Matériel d'artillerie (armes militaires.)]

* Section du budget. — Chapitre   . — Commande n° 6 du 1er janvier 1903. et des équi[pages]

Place de Maubeuge.	Charrons....															La valeur du matériel au 1er janvier 19.. était, d'après le compte de gestion, de..
	Forgerons...															Les frais ci-contre s'élèvent à...
	Peintres. ...															A ajouter : Réparations exécutées à l'atelier de construction de Douai.............
	Magasins....															
	Totaux...															La dépense par 100 francs de matériel est de....

[Manutention, entretien, réparations (armes portatives).]

* Section du budget. — Chapitre   . — Commande n° 8 du 1er janvier 1903.

Place de Maubeuge.																Nota. — (Comme ci-dessus). La dépense est indiquée par arme à feu et par arme blanche; par harnachement ou par collection d'objets équivalents à un harnachement.
	Totaux..															

2e PARTIE. — COMMANDES RELATIVES [AU] **MATÉRIEL D'AUTRES ÉTABLISSEMENTS.**

[Réparations. (Matériel d'artillerie et des équipages militaires.)]

* Section du budget. — Chapitre   . — Commande n° 15 du 17 mars 1902.

Place de Landrecies.																
	Totaux...															

Vu et vérifié :
Le Directeur,

Certifié véritable :

A   , le   19   .
Le (1)

(1) Sous-directeur, Commandant de l'artillerie, Chef du génie, Commandant de l'école.

MINISTÈRE
DE LA GUERRE.
—
COMPTABILITÉ-MATIÈRES.

ANNÉE 19

D

N° 373 Q
de la nomenclature.

MODÈLE N° 41 C.

Art. 74 de l'instruction
du 30 décembre 1902.

SERVICE

Désignation de la direction, de la place ou de l'établissement.

COMPTE RENDU ANNUEL

d'exécution des commandes pour démolition de matériel.

DÉSIGNATION DES COMMANDES.	NUMÉROS ET DATES des dépêches ministérielles prescrivant la démolition du matériel.		NUMÉROS ET DATES des commandes au répertoire modèle n° 30.	
	NUMÉROS.	DATES.	NUMÉROS.	DATES.

MATÉRIEL DÉMOLI. (1re Partie des tableaux C des feuilles d'ouvrage.)						PRODUITS DE DÉMOLITION. (Tableau D des feuilles d'ouvrage.)					
Numéros de la classification		DÉSIGNATION du matériel	Quantités.	Prix de l'unité.	Valeur.	Numéros de la classification		DÉSIGNATION du matériel.	Quantités.	Prix de l'unité.	Valeur
sommaire.	détaillée.					sommaire.	détaillée.				
1	2	3	4	5	6	7	8	9	10	11	12

Total

	MAIN D'ŒUVRE ET FRAIS DIVERS (Tableaux E des feuilles d'ouvrage.)					VALEUR DES MATIÈRES						MONTANT
Valeur à la comparée.	PART DES FRAIS GÉNÉRAUX				TOTAL des colonnes 13 et 17.	Spéciale à la commande des tableaux G.	PART DES FRAIS GÉNÉRAUX				TOTAL des colonnes 19 et 23.	TOTAL des frais de démolition (Total des colonnes 18 et 24).
	d'établissement.	d'usine.	d'atelier.	Total des colonnes 14, 15 et 16.			d'établissement.	d'usine.	d'atelier.	Total des colonnes 20, 21 et 22.		
13	14	15	16	17	18	19	20	21	22	23	24	25

	MAIN-D'ŒUVRE et frais divers.	MATIÈRES

RÉCAPITULATION.

———

Valeur du matériel démoli (colonne 6)..........

Montant des frais de démolition (colonne 25)..... { Main-d'œuvre et frais divers (colonne 18)............

{ Matières (colonne 24)..........

Totaux......................

A déduire : valeur des produits de démolition (colonne 12)..................................

Reste......................

Différence dans la valeur du matériel.........

CERTIFIÉ véritable :

A , le 19 .

Le (1)

Vu et vérifié :
Le Directeur,

(1) Sous-Directeur, Commandant de l'artillerie, Chef du génie, Commandant de l'école.

<table>
<tr><td>MINISTÈRE
DE LA GUERRE.

COMPTABILITÉ-MATIÈRES</td><td>SERVICE

DE L'ARTILLERIE.</td><td>N° 373 R
de la nomenclature.

MODÈLE N° 41 D.
—
Art. 74 de l'instruction
du 30 décembre 1902.</td></tr>
</table>

Désignation de l'établissement ou de la direction territoriale.

ÉTAT RÉCAPITULATIF

par subdivision budgétaire, des dépenses en main-d'œuvre et en matières de toutes les commandes autres que celles des frais généraux exécutées pendant l'année 19 .

NOTA. — 1° *Colonne* 2. Dans les directions territoriales d'artillerie, on inscrit, en regard de chacune des subdivisions budgétaires, toutes les places comptables dans lesquelles on a exécuté des commandes afférentes à cette subdivision; les dépenses sont ensuite totalisées par article et chapitre du budget.

2° *Colonnes* 6, 7 et 8. Les chiffres à porter dans ces colonnes doivent comprendre la part des frais généraux de toute nature qui a été imputée aux commandes; ils reproduisent par conséquent les totaux des sommes inscrites respectivement dans les colonnes 7, 15 et 16 du tableau E des comptes rendus modèle 41, ou bien 11, 19 et 20 du modèle 41 A, ou bien 8, 16 et 17 du modèle 41 B, ou bien les totaux de la récapitulation du modèle 41 C, ou bien encore, s'il s'agit de commandes non terminées au 31 décembre, dans les colonnes 2 et 3 des tableaux F des feuilles d'ouvrage de ces commandes.

3° Pour les commandes commencées dans l'année à laquelle l'état récapitulatif se rapporte, et qui ne sont pas terminées au 31 décembre, on inscrit, en regard de leur numéro, dans la colonne Observations, la mention: « *Commande non terminée au 31 décembre* ».

4° Pour celles commencées antérieurement à l'année à laquelle l'état récapitulatif se rapporte, et qui ne sont pas terminées au 31 décembre, on inscrit de même la mention : « *Commande commencée en 19   et non terminée au 31 décembre. (Voir les états mod. 41 D des années ....)* »

5° Pour celles commencées antérieurement à l'année à laquelle l'état récapitulatif se rapporte, et qui ont été terminées dans le courant de cette année, on inscrit de même la mention : « *Commande commencée en 19   . (Voir les états mod. 41 D des années ....)* »

CHAPITRES, ARTICLES et PARAGRAPHES du budget.	DÉSIGNATION des ÉTABLISSEMENTS.	Numéros des commandes.	ORDRES ministériels.		DÉPENSES		Totaux (colonnes 6 et 7.)	OBSERVATIONS.
			Numéros.	Dates.	Main-d'œuvre et frais divers.	Matières.		
1	2	3	4	5	6	7	8	9
CHAP. XLV. ART. 1.								
§ 2.	Place de X......	10						
	Place de XX.....	7						
		11						
	Place de XXX...	6						
§ 3.	Place de X......	4						
		12						
	Place de XX.....	4						
	Place de XXX...	4						
	Totaux pour l'article 1er........							
ART. 2.								Commande non terminée au 31 décembre 1903.
§ 1.	Place de X......	9						Commande commencée en 1901. (Voir les états mod. 41 D des années 1901 et 1902.)
	Place de XX.....	9						
		12						
	Place de XXX...	9						Commande commencée en 1902 et non terminée au 31 décembre 1903. (Voir l'état mod. 41 D de 1902.)
		12						
	Totaux pour l'article 2........							
	Totaux pour le chapitre XLV..........							
CHAP. ART.								

Fait à   , le   19

Le Directeur,

MINISTÈRE
DE LA GUERRE.

N° 373 S
de la nomenclature.

MODÈLE N° 41 E.

Art. 74 de l'instruction
du 30 décembre 1902.

ANNÉE 19

SERVICE

DE L'ARTILLERIE.

DIRECTION DE

BORDEREAU RÉCAPITULATIF

des feuilles d'ouvrage pour frais généraux d'établissement.

DÉSIGNATION des PLACES COMPTABLES	MONTANT DES FEUILLES D'OUVRAGE.			MONTANT des états de prévision	DIFFÉRENCE		OBSERVATIONS.
	Main-d'œuvre et frais divers.	Valeur des matières.	Total.		en plus.	en moins.	

MINISTÈRE
DE LA GUERRE.

ANNÉE 19

MODÈLE N° 41 F.

Art. 74 de l'instruction
du 30 décembre 1902.

SERVICE

DES POUDRES ET SALPÊTRES.

Ce compte rendu est
tracé à la main dans les
établissements.

Haut., 0m,36 ; larg., 0m,23

Désignation
de
l'établissement.

FABRICATION DES POUDRES NOIRES.

COMPTE RENDU D'EXÉCUTION *du* PRIX DE REVIENT

QUANTITÉS DE POUDRE CONFECTIONNÉES.

DÉSIGNATION des POUDRES.	NATURE de L'EMBALLAGE.	VENTES.	ARTIL- LERIE.	MARINE.	TOTAUX.	TOTAUX par ESPÈCE de poudres.
		kil.	kil.	kil.	kil.	kil.
Mine..............	Barils de 50 lit.	320.000	»	»	»	320.000
	Id.	»	1.000	3.000	4.000)	
Chasse.... ordinaire....	Grosses boîtes.	4.500	»	»	4.500)	50.500
	Petites boîtes..	42.000	»	»	42.000)	
forte........	Grosses boîtes.					
	Petites boîtes..					
spéciale.....	Petites boîtes..					

SECTION I.

Carbonisation.

Résumé des opérations de l'année.

Valeur totale de la main-d'œuvre et des fournitures à la feuille d'ouvrage...
Dépenses spécialisées...
Dépenses indivises............................ M

ESPÈCES DE CHARBON.	QUANTITÉ DE			RENDEMENT EN CHARBON pour 100 kilog. de bois.	DÉPENSES de MAIN-D'ŒUVRE.	DÉPENSES DE CARBONISATION indivises.	PART des FRAIS GÉNÉRAUX.	TOTAUX.
	CHARBON produit.	BOIS A CHARBON employé.	COMBUSTIBLE dépensé.					
Mine....................								
Chasse.................								
Guerre.... { noire.........								
{ brune.........								
TOTAUX............						M (a)	N (a)	

(a) Le total M et le total N, montant des frais généraux applicables à la carbonisation (tableau II de la section V), sont partagés entre les différentes espèces de charbon proportionnellement aux frais de main-d'œuvre spéciale.

Prix de revient des 100 kilogrammes.

NATURE DES DÉPENSES.	POUR 100 KILOG. DE CHARBON.											
	CHARBON DE MINE.			CHARBON DE CHASSE.			CHARBON DE GUERRE (noire).			CHARBON DE GUERRE (brune).		
	Quantités dépensées.	Prix de l'unité.	Dépenses.									
Bois blanc non écorcé....												
Bourdaine................												
Fabrication du charbon...												
Combustibles............												
Fournitures diverses.....												
Frais généraux..........												
TOTAUX..............												

SECTION II.

Dépenses en matières premières.

ESPÈCES DE POUDRES.	QUANTITÉS DE POUDRES fabriquées.	SALPÊTRE.			SOUFRE.		CHARBON.		PARAFFINE.	DÉPENSE TOTALE.
		QUANTITÉS dépensées.	PRIX de l'unité.	DÉPENSES.						
1° Pour la totalité des poudres fabriquées.										
Mine ronde.............		(a)								
Chasse.. { ordinaire......										
forte.........										
spéciale......										
Pulvérin										
Poudre de guerre dite G..										
Poudre de guerre P B....										
Totaux................										
2° Pour 100 kilog. de poudre.										

(a) Les nombres inscrits dans cette colonne indiquent la dépense réelle en tenant compte des excédents et déchets constatés à l'inventaire.

SECTION III.

1º Main-d'œuvre de fabrication.

Valeur totale de la main-d'œuvre de fabrication à la feuille d'ouvrage....... A (a).

ESPÈCES DE POUDRES.	COEFFICIENT de répartition	QUANTITÉS fabriquées.	PRODUITS des quantités et des coefficients	MAIN-D'ŒUVRE pour la totalité de chaque espèce de poudre.	MAIN-D'ŒUVRE pour 100 kilog.
1	2	3	4	5	6
Totaux.........					

2º Ustensiles et fournitures spéciaux à la fabrication.

Valeur totale des fournitures et ustensiles à la feuille d'ouvrage............
Fournitures et ustensiles spéciaux à diverses espèces...................
Valeur des fournitures et ustensiles indivis............. B (b)

NATURE DES FOURNITURES.	MINE.	CHASSE FINE.			
Plombagine					
Toiles métalliques					
Toiles de soie.............					
Peaux de grenoir					
Fournitures et ustensiles indivis B..................					
Totaux.........					
Dépense par 100 kil.........					

(a) La main-d'œuvre totale A est répartie proportionnellement aux produits inscrits dans la colonne 4.

(b) Le total B est réparti proportionnellement aux coefficients (4) du 1º ci-dessus.

SECTION IV.

Emballage.

1° MAIN-D'ŒUVRE.

Poudres embarillées ou encaissées.

Total des feuilles d'ouvrage...
Main-d'œuvre spéciale...
Main-d'œuvre indivise............... E (a)

NATURE DES TRAVAUX.	MINE RONDE EN BARILS DE 50 k.			CHASSE EN BARILS.	G.	
					EN BARILS.	EN CAISSES.
	Quantités.	Prix de l'unité.	Dépense.	Dépenses.	Dépense.	Dépense.
Enfonçage............						
Encaissage............						
Visite et vérification des caisses............						
Prise d'échantillons...						
Enfonçage provisoire..						
Déballage............						
Total de la main-d'œuvre spéciale						
Main-d'œuvre indivise........						
Total de la main-d'œuvre......						

Poudres emboîtées.

NATURE DES TRAVAUX.	CHASSE ORDINAIRE.				CHASSE FORTE.		
	EN GROSSES boîtes.			EN PETITES boîtes.	EN GROSSES boîtes.		EN PETITES boîtes.
	Quantités.	Prix de l'unité.	Dépense.				
Emboîtage............							
Encaissage........							
Total de la main-d'œuvre spéciale							
Main-d'œuvre indivise........							
Total de la main-d'œuvre......							

(a) Le total E est réparti proportionnellement à la main-d'œuvre spéciale à chaque poudre.

2° FOURNITURES.

Poudres embarillées ou encaissées.

Valeur totale des ustensiles et fournitures à la feuille d'ouvrage de l'emballage....
Fournitures spéciales...

Ustensiles et fournitures indivis.......................... F (a)

DÉSIGNATION des FOURNITURES.	MINE ORDINAIRE.			CHASSE EN BARILS.		
	Quantités.	Prix de l'unité.	Valeur.	Valeur.		Valeur.
Plombs de colis.........						
Étiquettes..............						
Bandes d'étain.........						
Cire suif..............						
Ficelle................						
Fournitures indivises...........						
TOTAUX.............						

Poudres emboîtées.

DÉSIGNATION des FOURNITURES.	CHASSE ORDINAIRE.					
	EN GROSSES BOÎTES.			EN PETITES BOÎTES.		
	Quantités.	Prix de l'unité.	Valeur.	Valeur.		Valeur.
Boîtes de { 2 kil........						
1 kil........						
5 hect......						
2 hect......						
1 hect......						
Bouchons en plomb......						
Étiquettes..............						
Plombs de colis.........						
Ficelle................						
Fournitures indivises...........						
TOTAUX.............						

(a) Le total F est réparti proportionnellement à la main-d'œuvre pour chaque espèce de poudre.

RÉSUMÉ DES DÉPENSES D'EMBALLAGE

DÉSIGNATION des DÉPENSES.	MINE EN BARILS de 50 k.	CHASSE ORDINAIRE		
		EN BARILS.	EN GROSSES boîtes.	EN PETITES boîtes.
Main-d'œuvre..........				
Fournitures..........				
Totaux........				
Quantités correspondantes...............				

Dépenses d'emballage pour 100 kilogrammes.

DÉSIGNATION des DÉPENSES.	MINE EN BARILS de 50 k.	CHASSE ORDINAIRE		
		EN BARILS.	EN GROSSES boîtes.	EN PETITES boîtes.
Main-d'œuvre.........				
Fournitures..........				
Totaux........				

SECTION V.

Frais généraux.

Coefficients pour la répartition des frais généraux.

DÉSIGNATION DE LA MAIN-D'ŒUVRE.	DÉPENSES DE LA MAIN-D'ŒUVRE PENDANT L'ANNÉE.										
			CHASSE								
	CARBONISATION.	MINE.	ORDINAIRE		FORTE		SPÉCIALE		COTON-POUDRE.	ACIDE NITRIQUE.	TOTAUX.
			en grosses boîtes.	en petites boîtes.	en grosses boîtes.	en petites boîtes.					
Fabrication du charbon...............											
Fabrication de la poudre noire.........											
Emballage..........											
Fabrication du coton-poudre...........											
Fabrication de l'acide nitrique...........											
Fabrication de la poudre B............											
Fabrication de la mélinite.............											
TOTAUX.....											
COEFFICIENTS DE RÉPARTITION..											

Frais généraux.

Frais généraux d'établissement.................. G
Frais généraux d'usine....................... H

TOTAL...................

Les totaux G et H sont pris sur les feuilles d'ouvrage FG et FGU.

QUANTITÉS.	CARBONISATION.	MINE RONDE.	CHASSE					
			ordinaire.		forte.		spéciale.	
			Grosses boîtes.	Petites boîtes.	Grosses boîtes.	Petites boîtes.		
Pour la totalité des poudres fabriquées.......	N							
Par 100 kil.............								

SECTION VI.

Calcul des prix de revient.

1° *Pour la totalité de poudres fabriquées*

ÉLÉMENTS DES DÉPENSES.		MINE RONDE ORDINAIRE.	CHASSE								TOTAUX.
			ORDINAIRE		FORTE.		SPÉCIALE.				
			En grosses boîtes.	En petites boîtes.	En grosses boîtes.	En petites boîtes.					
Dépenses en matières premières..........	Salpêtre.......										
	Soufre........										
	Charbon										
	Paraffine......										
	Total										
Fabrication......	Main-d'œuvre..										
	Fournitures ...										
	Total......										
Emballage.......	Main-d'œuvre..										
	Fournitures ...										
	Total......										
Part des frais généraux.........											
Total général.........											

2° *Pour 100 kilog. de poudre.*

ÉLÉMENTS DES PRIX DE REVIENT.	MINE RONDE ORDINAIRE.	CHASSE						
		ORDINAIRE			FORTE.		SPÉCIALE.	
		En barils.	En grosses boîtes.	En petites boîtes.	En grosses boîtes.	En petites boîtes.		
Dépenses en matières premières — Salpêtre......								
Soufre........								
Charbon......								
Paraffine......								
Total......								
Fabrication — Main-d'œuvre..								
Fournitures...								
Total......								
Emballage — Main-d'œuvre..								
Fournitures...								
Total......								
Part des frais généraux.........								
Prix de revient........								

MINISTÈRE
DE LA GUERRE.

ANNÉE 19

SERVICE

DES POUDRES ET SALPÊTRES.

MODÈLE Nº 41 G.

Art. 74 de l'instruction du 30 décembre 1902.

Ce compte rendu est tracé à la main dans les établissements.

Haut., 0^m,36; larg., 0^m,23

Désignation
de
l'établissement.

RÉPARATION DES ENVELOPPES.

COMMANDE RX.

COMPTE RENDU D'EXÉCUTION

SECTION I.

1° Main-d'œuvre de réparation.

Total de la main-d'œuvre à la feuille d'ouvrage........ A
À déduire : main-d'œuvre spéciale................... B

Main-d'œuvre indivise............... C

ESPÈCES DES ENVELOPPES.	QUANTITÉS réparées	MAIN-D'ŒUVRE SPÉCIALE		RÉPARTITION de la main-d'œuvre indivise.	MAIN-D'ŒUVRE TOTALE	
		par enveloppe.	par espèce.		par espèce.	par enveloppe.
1	2	3	4	5	6	7
Barils de 50 kil..........						
Barils de 25 kil..........						
Caisses en zinc pour cartouches au nitrate d'ammoniaque.............						
Fûts à mélinite..........						
Fûts à éther.............						
TOTAUX.........			B	C (*)	A	

(*) Le total C est partagé proportionnellement à la main-d'œuvre spéciale (colonne 4).

2° Ustensiles et fournitures.

Total à la feuille d'ouvrage........ D
Fournitures spéciales............. E

Reste pour fournitures indivises... F

NATURE des USTENSILES ET FOURNITURES	PRIX de l'unité	BARILS de 50 kil.		BARILS de 25 kil.		CHAPES pour barils de 50 kil.		SACS de 50 kil.		Caisses pour poudres de chasse de 20 ou 25 kil.						TOTAUX.
		Quantités.	Valeur.	Quantités.	Valeur.	Quantités.	Valeur.	Quantités.	Valeur.	Quantités.	Valeur.					
Enveloppes mises hors de service............	Divers (1)															
Cercles de 2 mètres ..																
Merrain neuf {Longailles. pour barils. {Fonçailles.																
Merrain {Longailles. d'abatage. {Fonçailles.																
Voliges de peuplier......																
Pointes en fer......																
Vis en fer............																
Toile																
Zinc...																
Fil..																
Soudure........																F
Outils et fournitures indivis (2)...............																
Totaux..... ...																D
A déduire :																
Valeur des matériaux versés au magasin (3)																
Reste pour valeur des fournitures.......																
Frais de rejonçage dans les entrepôts ...																
Totaux																
Dépenses pour 100 enveloppes																

(1) Chaque enveloppe est comptée au prix des confections ou des achats faits pendant l'année ou à défaut au prix de la nomenclature.
(2) Le montant F est partagé proportionnellement aux dépenses de main-d'œuvre pour chaque espèce.
(3) Cette valeur est partagée proportionnellement aux dépenses de main-d'œuvre pour chaque espèce.

SECTION II.

Calcul des prix de revient.

NATURE DES ENVELOPPES.	POUR LA TOTALITÉ DES ENVELOPPES RÉPARÉES.			POUR 100 ENVELOPPES.		
	Main-d'œuvre.	Fournitures.	Totaux.	Main-d'œuvre.	Fournitures.	Totaux.
Barils de 50 kil.........						
Chapes pour barils de 50 kil.						
Caisses de 20 ou 25 kil...						
Caisses de 5 kil.........						
Sacs de 50 kil..........						
Caisses cylindriques en zinc pour les poudres au nitrate d'ammoniaque..						

e CORPS D'ARMÉE

PLACE

d

N°   d'enregistrement
au journal
des comptes-matières.

SERVICE DU GÉNIE.

Désignation de la
direction, de la
place ou de l'é-
tablissement.

MODÈLE N° 2.

Art. 74 de l'instruc-
tion du 30 décem-
bre 1902.

Ce bordereau est tracé
à la main.

SORTIE.

BORDEREAU RÉCAPITULATIF

des factures des matières et objets délivrés aux ateliers et services d'exploitation pendant le mois d   19   .

NUMÉROS de la CLASSIFICATION		DÉSIGNATION DES MATIÈRES ET OBJETS	UNITÉ RÉGLE-MENTAIRE.	QUANTI-TÉS.	OBSERVATIONS.
som-maire.	dé-taillée.				

| NUMÉROS de la CLASSIFICATION | | DÉSIGNATION | RÉGLE- | QUANTI- | OBSERVATIONS. |
sommaire.	détaillée	DES MATIÈRES ET OBJETS.	MENTAIRE.	TÉS.	

Le présent Bordereau certifié véritable et conforme aux (1)
factures ci-annexées.

A , le 19

Le Comptable

Vu et vérifié :

Le (2)

(1) Indiquer le nombre.
(2) Sous-directeur, Chef
du génie, Commandant de
l'école.

e CORPS D'ARMÉE.

PLACE

d

N°   d'enregistrement
au journal
des comptes-matières.

SERVICE DE L'ARTILLERIE

N° 372
de la nomenclature.

MODÈLE N° 42 A.

Art. 74 de l'instruction du 30 décembre 1902.

Désignation de la direction,
de la place
ou de l'établissement.

SORTIE.

BORDEREAU RÉCAPITULATIF

des factures des matières et objets délivrés aux ateliers et service d'exploitation pendant le mois d   19   .

NOTA. — Ajouter autant de feuillets intercalaires qu'il sera nécessaire.

NUMÉROS de la CLASSIFICATION		DÉSIGNATION DES MATIÈRES ET OBJETS.	UNITÉ RÉGLEMENTAIRE	QUANTITÉS INSCRITES DANS LE PRÉ...							SUR LES FACTURES CONTENUES ...ENT BORDEREAU.								QUANTITÉS TOTALES	OBSERVATIONS
sommaire.	détaillée.			a	b	c	d	e	f	g	h	i	j	k					
		Montant de chacune des factures du présent bordereau....																	= Montant total des factures.

NOTA. — Chacune des factures est désignée par une lettre : a, b, c, d, e....., a', b', c', d', e'.......
dans l'avant-dernière colonne. Le montant de chacune des factures est inscrit au bas de la colonne cor-
...e. Les quantités sont inscrites distinctement par facture dans la colonne correspondante, et totalisées
...pondante ; on en fait également le total.

Le présent bordereau certifié véritable et conforme aux (1) factures ci-annexées.

Λ   , le   19 .

Le   *Comptable,*

Vu et vérifié :

Le (2)

(1) Indiquer le nombre des factures.
(2) Sous-directeur, Commandant de l'arrondissement etc.

CORPS D'ARMÉE.

—

PLACE

d

N° d'enregistrement
· au journal
des comptes-matières.

SERVICE DU GÉNIE.

Désignation de la (
direction, de la)
place *ou* de l'é-)
tablissement. (

MODÈLE N° 43.

—

Art. 74 de l'instruc-
tion du 30 décem-
1902.

Ce bordereau est tracé
à la main.

ENTRÉE.

BORDEREAU RÉCAPITULATIF

*des certificats administratifs des remises faites au magasin par les
ateliers et services d'exploitation pendant le mois d*

NUMÉROS de la CLASSIFICATION		DÉSIGNATION DES MATIÈRES ET OBJETS.	UNITÉ RÉGLE-MENTAIRE.	QUANTI-TÉS.	OBSERVATIONS
som-maire.	dé-taillée				

NUMÉROS de la CLASSIFICATION		DÉSIGNATION	UNITÉ RÉGLE-	QUANTI-	OBSERVATIONS.
som-maire.	dé-taillée	DES MATIÈRES ET OBJETS.	MENTAIRE.	TÉS.	

Le présent Bordereau certifié véritable et conforme aux (1) certificats administratifs ci annexés.

A , le 19

Vu et vérifié :

Le (2)

(1) Indiquer le nombre.
(2) Sous-directeur, Chef du génie, Commandant de l'école.

CORPS D'ARMÉE.

—

PLACE

d

N°   d'enregistrement
au journal
des comptes-matières.

Désignation de la di-
rection, de la pla-
ce *ou* de l'établis-
sement.

SERVICE DE L'ARTILLERIE.

N° 366
de la nomenclature.

MODÈLE N° 43 A.

—

Art. 74 de l'instruc-
tion du 30 décem-
bre 1902.

ENTRÉE.

BORDEREAU RÉCAPITULATIF

*des certificats administratifs constatant les remises faites au magasin
par les ateliers et services d'exploitation
pendant le mois d   19   .*

NOTA. — Ajouter autant de feuillets intercalaires qu'il sera nécessaire.

NUMÉROS de la CLASSIFICATION		DÉSIGNATION des MATIÈRES ET OBJETS.	UNITÉ RÉGLEMENTAIRE.	QUANTITÉS INSCRITES [...] DANS LE [...]							
nommaire.	détaillée.			Matériel confectionné.				Matériel en excédent à la fin des campagnes.			
				a	b	c	d	e	f	g	h
Montant de chacun des certificats administratifs........				×	×	×	×				
Montant par catégorie de matériel................											

Nota. — Chacun des certificats administratifs annexés au présent bordereau est désigné par une [...] dans la colonne correspondante et totalisées dans l'avant-dernière colonne pour l'inscription au registre [...] pondante : on en fait également le total, d'abord par catégorie de matériel, puis pour l'ensemble du [...]

[...] CERTIFICATS ADMINISTRATIFS CONTENUS [...] BORDEREAU ET Y ANNEXÉS.				QUANTITÉS TOTALES inscrites au journal des comptes-matières.	OBSERVATIONS
i	j				
				Le montant total du présent bordereau s'élève à :	

[...] a, b, c, d..., a', b', c', d'..., etc. Les quantités sont inscrites distinctement par certificat [...] nal des comptes-matières. Le montant de chaque certificat est inscrit au bas de la colonne correspondante. Les certificats concernant le matériel confectionné ne sont pas décomptés.

Le présent bordereau certifié véritable et conforme aux (1) certificats administratifs ci-annexés.

A   , le   19   .

L   *comptable.*

Vu et vérifié :

Le (2)

(1) Indiquer le nombre.
(2) Sous-Directeur; Commandant de l'arrondissement, etc

MINISTÈRE
DE LA GUERRE.

COMPTABILITÉ-MATIÈRES.

Pièces à l'appui de l'inventaire :

Entrées.....

Sorties......

Total...

ANNÉE 19

SERVICE DU GÉNIE.

Direction d'

Place d

MODÈLE N° 44 (1).

Art. 76 de l'instruction
du 30 décembre 1902.

Haut., 0^m,36; larg., 0^m,23

(1) Modifié par l'erratum
du 2 août 1905, J. O., p.
1026.

INVENTAIRE ESTIMATIF

au 31 décembre 19 , du mobilier des établissements militaires de la place d , présentant toutes les opérations d'entrées et de sorties effectuées pendant le courant de l'exercice 19 .

OBSERVATIONS.

Cet inventaire comprend tous les objets administrés par le service du génie et restant en demeure dans les établissements qui ressortissent au service du casernement, à l'exception de ceux qui sont considérés comme parties intégrantes des bâtiments. Ces objets doivent toujours être classés et évalués dans les écritures conformément à l'ordre et à l'espèce d'unité établis par la nomenclature du matériel du génie. Les quantités sont arrêtées et totalisées par unité détaillée. Le décompte de la valeur du matériel est totalisé par chapitre.

Lorsqu'une localité cesse de faire l'objet d'une comptabilité distincte, le matériel en service à ce moment dans les établissements militaires est porté à l'inventaire de la place dont ladite localité devient une dépendance. Pareillement, quand une localité est érigée en place comptable de matériel, les objets mobiliers qui garnissent les établissements de cette localité cessent d'être compris dans l'inventaire de la place dont elle dépendait. Dans l'un et l'autre cas, un état détaillé des objets passés d'un inventaire à un autre est produit à l'appui de chacun de ces documents, comme pièce justificative des accroissements et diminutions qui y sont constatés.

Sauf ces cas, et ceux d'excédents ou de déficits, de pertes ou de destruction de matériel, toute augmentation ou diminution effective du mobilier des bâtiments militaires doit correspondre à un mouvement contraire et justifié dans les écritures du magasin de la place. En conséquence, il n'est produit à l'appui de celle des expéditions du présent inventaire qui doit être adressée au Ministre, que les états ci-dessus mentionnés, les procès-verbaux constatant des excédents, pertes ou déficits mis à la charge de l'État, et les talons de l'état des sommes imputées pour pertes de matériel. (Modèle n° 14.)

N° som.	N° de l'article	DÉSIGNATION DES OBJETS	Unité réglementaire	DATES	ORIGINE DES ENTRÉES	Qté par op. (entrées)	Qté totale (entrées)	DATES	EMPLOI ET DESTINATION	Qté par op. (sorties)	Qté totale (sorties)	Existant au 31 décembre	PRIX de l'unité	VALEUR par numéro détaillé	VALEUR par chapitre	EMPLACEMENT
		CHAPITRE II. — Voitures.														
1	29	Tonneaux à eau ou d'arrosage sur chariot	Nombre	1er janv	Reprise de l'inventaire précédent	2	2	»	»	»	»	2	350 »	700 »	700 »	
		CHAPITRE III. — Machines, outils et ustensiles.														
10	78	Bigornes diverses	Idem	Idem	Idem	5	5	»	»	»	»	5	60 »	300 »		
	475	Enclumes de forgeron, petites	Idem	Idem	Idem	4	4	»	»	»	»	4	250 »	1.000 »		
	519	Étaux à pied ou d'établi	Idem	Idem	Idem	7	7	»	»	»	»	7	100 »	700 »		
	934	Pelles rondes, diverses	Idem	Idem 15 mars 18 juill.	Idem Livraison du magasin de la place Idem	17 4 13	34	12 fév	Perte par suite d'écroulement d'un mur de la caserne F (Voir le procès-verbal ci-joint)	9	9	25	1 50	38 »		
	973	Pioches diverses	Idem	1er janv 1er oct.	Reprise de l'inventaire précédent Excédent constaté par procès-verbal, dont extrait est ci-joint	12 2	14	3 août	Réintégration au magasin de la place	5	5	9	5 »	45 »		
									N° 10... TOTAUX	»	»	50		2.082 »	2.082 »	
		CHAPITRE XIV. — Mobilier.														
81	138	Bancs de caserne de 1m,50 de long	Idem	1er janv	Reprise de l'inventaire précédent	18	18	»	»	»	»	18	10 »	180 »		
	139	Bancs de caserne de 2 mètres de long	Idem	Idem	Idem	4	64	»	»	»	»	84	12 »	1.008 »		
	140	Bancs de caserne ordinaires au-dessous de 4 mètres de longueur	Idem	Idem	Idem	23	23	»	»	»	»	23	10 »	230 »		
									N° 81... TOTAUX	»	»	125		1.418 »	1.418 »	
									TOTAL GÉNÉRAL						4.200 »	

CERTIFIÉ et arrêté le présent inventaire montant à la somme de (en toutes lettres).

A   , le   19   .

                  Chef du génie,

    L.

VU PAR NOUS,
Directeur du génie.

MINISTÈRE
DE LA GUERRE.

COMPTABILITÉ-MATIÈRES.

4ᵉ DIRECTION.

ᵉ Bureau.

ANNÉE 19

SERVICE DU GÉNIE.

MODÈLE Nᵒ 45.

Art. 76 de l'Instruction
du 30 décembre 1902.

Haut., 0ᵐ,36 ; larg., 0ᵐ,23.

Direction D

ÉTAT RÉCAPITULATIF

*par chapitre de la nomenclature, de la valeur du mobilier existant
dans les établissements militaires au 31 décembre 19   .*

DÉSIGNATION des PLACES COMPTABLES.	CHAPITRE Iᵉʳ.	CHAPITRE II.	CHAPITRE .	CHAPITRE .	CHAPITRE .	CHAPITRE .	CHAPITRE .	VALEUR TOTALE du MATÉRIEL.

A   , le   19 .

Le Directeur du Génie.

GÉNIE.

—

DIRECTION de

—

PLACE d

MODÈLE N° 46.

—

Art. 58 de l'Instruction
du 30 décembre 1902.

LISTE DE RECENSEMENT.

Fort de   (*ou annexe de*   ).

Chaque garde-magasin particulier tient une liste de recensement du matériel qui est confié à sa garde. Les inscriptions de cette liste doivent correspondre à chaque instant avec celles du carnet de répartition modèle n° 49 tenu par le garde-magasin général. Si le garde-magasin particulier a la surveillance de plusieurs magasins ou groupes de magasins séparés, sa liste de recensement est divisée en autant de colonnes qu'il y a de magasins ou groupes de magasins séparés.

Toute rature, tout grattage, toute surcharge sont interdits dans la colonne 4 des listes de recensement.

Quand le matériel mentionné dans une liste de recensement subira quelque addition ou diminution, le garde-magasin particulier présentera immédiatement sa liste de recensement au garde-magasin général ou la lui adressera en lui rendant compte de l'opération. Ce dernier inscrira ladite opération au journal, puis tous deux signeront en marge.

En même temps qu'on inscrira l'addition ou la diminution au journal, on la mentionnera dans la colonne « Observations » des pages précédentes par ces mots : *plus tant, moins tant*, d'objets, mais seulement au crayon, cette indication pouvant avoir à être modifiée postérieurement et n'ayant pour but que de servir de renvoi au journal.

Tous les ans, entre le 1er et le 31 janvier, les deux gardes-magasins porteront au journal la mention suivante : « Vu la présente liste de recensement, conforme à l'existant en magasin » et signeront en marge. Une mention semblable sera portée sur les listes chaque fois que le garde-magasin particulier changera.

NUMÉROS de la NOMENCLATURE		DÉSIGNATION DES OBJETS.	QUANTITÉ existant lors de l'établissement de la présente liste.	OBSERVATIONS.
sommaire.	détaillée.			
1	2	3	4	5

NUMÉROS de la NOMENCLATURE		DESIGNATION DES OBJETS.	QUANTITÉ existant lors de l'établissement de la présente liste.	OBSERVATIONS.
sommaire.	détaillée.			
1	2	3	4	5

JOURNAL.

DATES.	MOUVEMENTS.			SIGNATURES	
	DÉSIGNATION des objets.	NOMBRE.	OPÉRATION.	du garde-magasin général.	du garde-magasin particulier.

N° 373 T
de la nomenclature.

MODÈLE N° 47.

Art. 58 de l'instruction du
30 décembre 1902.

MINISTÈRE
DE LA GUERRE.

· CORPS D'ARMÉE

(1) Indiquer le service auquel le matériel appartient.

(2) Indiquer l'établissement ou le magasin principal duquel relève l'annexe.

(3) Indiquer la place, le fort, etc., où est installée l'annexe.

(4) Nom et grade de l'officier ou du fonctionnaire chargé de la surveillance du service auquel le matériel appartient.

SERVICE

d (1)

ANNEXE D (2)

établie à (3)

REGISTRE-JOURNAL

DES ENTRÉES ET DES SORTIES.

Le présent registre, contenant   feuillets, celui-ci compris, a été coté et paraphé par nous (4)

A   , le   19

NOMS	GRADES	DATES	
des	des	du	de la fin
GÉRANTS DE L'ANNEXE.	GÉRANTS DE L'ANNEXE.	commencement de la gérance.	de la gérance.

INSTRUCTION POUR LA TENUE DU JOURNAL.

Tous les mouvements d'entrée ou de sortie sont inscrits immédiatement sur le registre-journal, d'après les pièces justificatives.

Les pièces justificatives des sorties de l'annexe autres que celles qui concernent les versements de l'annexe sur le magasin principal sont établies par le comptable de ce magasin, d'après les renseignements qui lui sont fournis par le gérant de l'annexe.

Les récépissés à porter sur les pièces justificatives des entrées dans l'annexe, autres que celles qui concernent les versements du magasin principal sur l'annexe, sont signés par le comptable de ce magasin, après que le gérant de l'annexe l'a avisé de la réception du matériel.

DATES des ENTRÉES et des sorties.	NUMÉROS de la nomenclature par unité		DÉTAIL des ENTRÉES ET DES SORTIES.	QUANTITÉS		OBSERVATIONS.
	sommaire.	détaillée.		entrées.	sorties.	
			ANNÉE 1903.			
15 janvier.			*Reçu du magasin de Lille :*			
	6	4	Capotes pour sous-officier ou soldat (modèle réglementaire), artillerie....................	15	»	
	12	2	Dolmans de dragon (soldat)	4	»	
	22	2	Pantalons d'ordonnance d'infanterie (soldat).......................	18	»	
17 février.			*Expédié au 21ᵉ dragons. (Ordre du en date du) :*			
	12	2	Dolmans de dragon (soldat).......	»	7	
25 mars.			*Reçu du 15ᵉ régiment d'artillerie :*			
	6	4	Capotes pour sous-officier ou soldat (modèle réglementaire), artillerie.......................	8	»	
29 mars.			*Expédié au 1ᵉʳ régiment de dragons. (Ordre du en date du) :*			
	6	4	Capotes pour sous-officier ou soldat (modèle réglementaire), artillerie.......................	»	11	

Les modeles 47 A et 47 B, n°s 373 T_A et 373 T_B de la nomenclature, ont été
supprimés par la circulaire du 13 décembre 1913 (*B. O.*, p. 1709)

SERVICE

D (1)

ANNEXE D (2)

établie à (3)

INVENTAIRE PERMANENT

du matériel existant dans l'annexe d

Le présent inventaire, contenant   feuillets, celui-ci compris, a été coté et paraphé par nous (4)

A   , le   19   .

1° Ce registre est fourni, établi et renouvelé par le comptable du magasin ou de l'établissement duquel l'annexe dépend.

2° Dans les deux premières pages du registre on mentionne :

a) Les noms et grades des gérants de l'annexe ;

b) Les dates du commencement et de la cessation des fonctions ;

c) La certification de la reconnaissance du matériel, qui doit être faite contradictoirement, à chaque mutation du gérant, entre celui qui entre et celui qui sort.

Les pages suivantes sont divisées en six cases et chaque case renferme 8 à 10 lignes.

Chaque case est affectée en principe à un numéro détaillé de la nomenclature. Il peut cependant être réservé plusieurs cases consécutives à une unité quand on prévoit des mouvements fréquents.

3° On inscrit au registre les unités détaillées de la nomenclature existant dans l'annexe ou qu'on suppose devoir y être versées.

Ces unités y sont inscrites en suivant l'ordre des numéros de la nomenclature. — S'il est reçu dans l'annexe une nouvelle unité pour laquelle il n'a pas été réservé de cases au moment de l'établissement de l'inventaire, on l'inscrit à la suite des autres, mais on porte dans la colonne d'observations, en regard de la place que cette unité aurait dû occuper, l'indication de la page à laquelle un compte lui a été ouvert.

4° La première inscription à faire dans la colonne 6 est le chiffre de l'existant au 1er janvier de l'année, ou à la date de l'ouverture de l'annexe. — Si une entrée a lieu, on en inscrit la date dans la colonne 5 ; on ajoute au chiffre de l'existant la quantité entrée et l'on inscrit le total dans la colonne 6.

Si, au contraire, il est fait une sortie, on déduit de l'existant la quantité sortie, et l'on inscrit la différence dans la colonne 6.

Ces inscriptions successives sont faites dans les colonnes 5 et 6, 7 et 8, 9 et 10, 11 et 12.

5° On ouvre, sur la page de droite, autant de colonnes qu'il y a de locaux ou d'emplacements entre lesquels le matériel est réparti; on porte au crayon dans ces colonnes les quantités existantes. Si l'existant vient à changer dans les locaux ou établissements, l'ancien chiffre est effacé et remplacé par celui de l'existant nouveau. Le total des existants dans les divers locaux, qui est inscrit dans l'avant-dernière colonne, est égal à celui qui est porté dans les colonnes 6 à 12.

| NOMS des GÉRANTS de l'annexe. | GRADES des gérants de l'annexe. | DATES | | CONSTATATION DES REMISES SUCCESSIVES DU SERVICE. |
		de l'entrée en fonctions	de la cessation des fonctions	
Akène.........	Gardien de batterie.	1er janv. 1902.	1er oct. 1902.	
Bastien........	Gardien de batterie.	1er oct. 1902.	1er juillet 1903.	Certifié l'existence et le bon état à la date de ce jour des quantités de matériel qui figurent sur le présent inventaire. A , le 1er octobre 1902. *Le Gérant sortant,* *Le Gérant entrant.* Akène. Bastien
Pernay.........	Gardien de batterie.	1er juillet 1903.		Certifié l'existence et le bon état à la date de ce jour des quantités de matériel qui figurent sur le présent inventaire à l'exception des numéros.... qui font l'objet d'un procès-verbal établi par M. A , le 1er juillet 1903. *Le Gérant sortant,* *Le Gérant entrant,* Bastien. Pernay.

| NOMS des GÉRANTS de l'annexe. | GRADES des gérants de l'annexe. | DATES | | CONSTATATION DES REMISES SUCCESSIVES DU SERVICE. |
		de l'entrée en fonctions	de la cessation des fonctions	

Numéros de la nomenclature par unité		DÉSIGNATION des MATIÈRES ET OBJETS	UNITÉ RÉ-GLEMEN-TAIRE.	INDICATION DES EXISTANTS SUCCESSIFS.							
som-maire.	dé-taillée.			Dates	Quan-tités.	Dates.	Quan-tités.	Dates.	Quan-tités.	Dates.	Quan-tités.
1	2	3	4	5	6	7	8	9	10	11	12
6	6	Capotes d'infanterie.	Nombre	1902. 1er janv. 15 mars. 25 mars. 29 déc.	524 539 547 535						
9	1	Chemises de coton à col.	Nombre	1902. 1er janv.	104						
12	2	Dolmans de dragons (soldat)	Nombre	1902. 1er janv. 17 fév.	53 6						
22	2	Pantalons d'ordonnance d'infanterie (soldat).	Nombre	1902. 1er janv. 15 janv.	548 636						

RÉPARTITION DU MATÉRIEL.						OBSERVATIONS.
Bat. A. n° 6.	Bat. C n° 15.				TOTAL.	
300 au crayon	236 au crayon				536 au crayon	

Les modèles 48 A et 48 B, n°s 373 Tc et 373 Tp de la nomenclature, ont été supprimés par la circulaire du 13 décembre 1913 (*B. O.*, p. 1709).

MINISTÈRE
DE LA GUERRE.

COMPTABILITÉ-MATIÈRES

SERVICE DU GÉNIE.

MODÈLE Nº 49.

Art. 51 de l'instruc-
tion du 30 décem-
bre 1902.

Haut., 0,36 ; larg., 0 23

DIRECTION D

Place d

CARNET

faisant connaître la répartition, par magasin, emplacement, caserne, etc.,
du matériel inscrit au compte de gestion.

Ce carnet est tenu constamment à jour. Chaque fois qu'un changement se
produit dans l'existant d'un magasin, dépôt ou bâtiment d'une caserne, le
chiffre de l'ancien existant est biffé, et on inscrit au-dessous la quantité nouvelle.

| NUMÉROS de la nomenclature | | DÉSIGNATION DES OBJETS. | RÉPARTITION DU MATÉRIEL. | | | | | | | | | | | TOTAUX. |
sommaire	détaillée.		Caserne Bayard Bâtiment A.	Magasin C.			Magasin O.							
1	4	Parc de compagnie de sapeurs-mineurs..		4										4
10	929	Pelles rondes de parc.	200	25										225
10	934	Pics à tête de parc..	5	4			10							19

. CORPS D'ARMÉE.

—

PLACE D

RÉSERVE DE GUERRE
et
SERVICE COURANT.

ANNÉE 19

SERVICE

D

Désignation {
de l'établissement. {

Nº 374 E
de la nomenclature

MODÈLE Nº 50 (4).

Art. 8 et 9 de l'instruction
du 30 décembre 1902.

RELEVÉ des versements de la réserve de guerre au service courant et du service courant à la réserve de guerre effectués à charge de compensation par des opérations inverses et équivalentes, exécutées par ailleurs corrélativement.

NUMÉROS des CERTIFICATS administratifs.	VALEUR DES VERSEMENTS		OBSERVATIONS (3).
	de la RÉSERVE DE GUERRE.	du SERVICE COURANT.	
(1)	(2)	(2)	

(1) Indiquer le nombre de certificats administratifs.
(2) Additionner les sommes portées dans cette colonne.
(3) En regard de chaque certificat relatif à un versement de la réserve de guerre au service courant avec dépréciation on indique dans la colonne « Observations » le numéro et la date du procès-verbal nº 22 correspondant, ainsi que la valeur d'utilisation fixée par cet acte. Les sommes ainsi inscrites sont totalisées par page et reportées jusqu'à la fin du relevé.
(4) Modifié par la circulaire du 24 août 1910, B. O., p. 1604.

NUMÉROS des CERTIFICATS admi- nistratifs.	VALEUR DES VERSEMENTS		OBSERVATIONS.
	de la RÉSERVE DE GUERRE.	du SERVICE COURANT.	
(1)	(1)	(1)	
(2)	(3)	(3)	

A   , le   19   .

L   Comptable,

Vu :

(1) Report des résultats d'autre part.
(2) Indiquer le nombre des certificats administratifs.
(3) Totaliser.
(4) Le Directeur du service

L (4)

<table>
<tr><td>

MINISTÈRE
DE LA GUERRE.

DIRECTION.

BUREAU.

</td><td>

RÉSERVE DE GUERRE
et
SERVICE COURANT.

ANNÉE 19 .

SERVICE

D

</td><td>

MODÈLE N° 50 A (1).

Art. 8 et 9 de l'ins-
truction du 30 dé-
cembre 1902.

(1) Complété par la cir-
culaire du 24 août 1910
B. O., p 1604.

</td></tr>
</table>

ÉTAT récapitulatif des versements de la réserve de guerre au service courant et du service courant à la réserve de guerre effectués à charge de compensation par des opérations inverses et équivalentes, exécutées par ailleurs corrélativement.

DÉSIGNATION des PLACES.	NOMBRE de certificats administratifs.	VALEUR DES VERSEMENTS		Valeur d'utilisation du matériel passé au service courant avec dépréciation (mémoire).	OBSERVATIONS.
		de la réserve de guerre.	du service courant.		
A reporter...					

DÉSIGNATION des PLACES.	NOMBRE de certificats administratifs.	VALEUR DES VERSEMENTS		OBSERVATIONS.
		de la réserve de guerre.	du service courant.	
Totaux.....				

Paris, le   19

Le Chef du bureau,

Vu :

Le   Directeur,

MINISTÈRE
DE LA GUERRE.

* DIRECTION.

....

* BUREAU.

N° 374
de la nomenclature.

MODÈLE N° 51.

Art. 6 de l'instruction
du 30 décembre 1902
et modification du 12
janvier 1921.

RÉSERVE DE GUERRE.

CONFIDENTIEL.

Service d

* CORPS D'ARMÉE.

Etablissement
ou
corps de troupe.

Compte des fixations de la réserve de guerre.

NUMÉROS de la NOMENCLATURE		DÉSIGNATION DU MATÉRIEL	UNITÉ RÉGLEMENTAIRE	FIXATIONS au 1er janvier	NOUVELLES		FIXATIONS AU 31 DÉCEMBRE	VALEUR des existants	DIFFÉRENCE entre les existants et les fixations (col. 6 et 8)		MESURES PRISES POUR FAIRE DISPARAÎTRE les différences entre existants et fixations.	DATE probable du rétablissement de la concordance.
sommaire.	détaillée.				CHIFFRE de la fixation.	Numéro d'enregistrement de l'ordre.	EXISTANTS.	des existants.	en plus des fixations.	en moins des fixations.		
1	2	3	4	5	6	7	8	9	10	11	12	13
8	17	Laiton en bandes......	Kilogr.	20.000	19.000 22.000 20.500	21 24 27	20.500	164.000	»	»		

MINISTÈRE
DE LA GUERRE.

(1) Sous-intendant mili-
taire.
Sous-directeur.
Chef du génie.
Médecin-chef.

RESERVE DE GUERRE.

N° 373 v
de la nomenclature.

MODÈLE N° 52.

Art. 6 de l'Instruction
du 30 décembre 1902
et modification du 12
janvier 1921.

CONFIDENTIEL.

Etablissement
ou
corps de troupe.

CARNET D'ENREGISTREMENT

des ordres modificatifs des fixations de la réserve de guerre.

Le présent carnet contenant   feuillets, a été coté et paraphé

par nous (1)

A   , le   192 .

NOTA. — Les numéros d'enregistrement de la colonne 1 sont reproduits à l'encre
sur les documents dans leur angle supérieur droit.

NUMÉROS D'ENREGISTREMENT au carnet	DATES DES ORDRES modificatifs.	NUMÉROS des ordres modificatifs.	DATES DE LA RÉCEPTION au corps ou service.	ANALYSE SOMMAIRE.	OBSERVATIONS.

MINISTÈRE
DE LA GUERRE.

DIRECTION
de

⁕ BUREAU.

N⁕

CONFIDENTIEL.

N° 373 w
de la nomenclature.

MODÈLE N° 52 A.

Art. 6 de l'instruction
du 30 décembre 1902
et modification du 12
janvier 1921.

RÉSERVE DE GUERRE.

Paris, le   192 .

Le Ministre de la guerre,

à M.

Je vous informe que les mouvements de matériel ci-après doivent être effectués par vos soins.

Vous (1)

NUMÉROS de la CLASSIFICATION		DÉSIGNATION du MATÉRIEL.	UNITÉ RÉGLE-MENTAIRE.	QUAN-TITÉS.	INDIQUER les OPÉRATIONS COMPTABLES correspondant aux modifications prescrites (2).
sommaire.	détaillée.				

(1) Expédierez à   aux frais de la ⁕ section du budget.
    Verserez de la R. G. au S. C.
    Verserez du S. C. à la R. G.
    Recevrez de
(2) Voir les articles 8 et 9 de la circulaire du 2 août 1905.
    Cet état est imprimé sur papier rose.

MINISTÈRE
DE LA GUERRE.

DIRECTION.

BUREAU.

N° 374 A
de la nomenclature.

MODÈLE N° 53.

Art. 6 de l'instruction
du 30 décembre 1902
et modification du 12
janvier 1921.

RESERVE DE GUERRE.

CONFIDENTIEL.

Service d

* CORPS D'ARMÉE.

Etablissement
ou
corps de troupe.

EXTRAIT ANNUEL

*du compte des fixations de la réserve de guerre établi
à la date du 31 décembre 192   .*

NUMÉROS de la NOMENCLATURE		DÉSIGNATION DU MATÉRIEL.	UNITÉ RÉGLEMEN- TAIRE.	SITUATION AU 1er JANVIER.	
sommaire.	détaillée.			Fixations.	Existants.
1	2	3	4	5	6

SITUATION AU 31 DÉCEMBRE.		VALEUR des EXISTANTS au 31 décembre.	DIFFÉRENCES au 31 décembre entre les existants et les fixations (col. 7 et 8)		EXPLICATIONS DES DIFFÉRENCES ressortant au 31 décembre entre les existants et les fixations.
Fixations.	Existants.		en plus des fixations.	en moins des fixations.	
7	8	9	10	11	12

MINISTÈRE
DE LA GUERRE.

MODÈLE N° 54 (2).

Art. 7 de l'instruction
du 30 décembre 1902.

(2) Complété par l'erratum du 2 août 1905, *B. O.*,
p. 1125.

ᵉ DIRECTION.

ᵉ BUREAU

Confidentiel.

N°

RÉSERVE DE GUERRE.

(1) Indiquer le corps ou l'établissement.

SERVICE d

PLACE d

(1)

AUTORISATION DE PRÉLÈVEMENT TEMPORAIRE.

Le Ministre autorise le prélèvement temporaire sur les approvisionnements de la réserve de guerre du matériel désigné dans le tableau ci-après.

Les incomplets créés par ce prélèvement seront comblés, au plus tard, aux dates indiquées dans la colonne 5 dudit tableau.

NUMÉROS de la nomenclature par unité		DÉSIGNATION DES MATIÈRES, EFFETS et objets.	QUANTITÉS dont le PRÉLÈVEMENT est autorisé.	DATES EXTRÊMES de restitution du matériel à la réserve de guerre.	OBSERVA-TIONS.
sommaire.	détaillée.				
1	2	3	4	5	6

NUMÉROS de la nomenclature par unité		DÉSIGNATION DES MATIÈRES, EFFETS et objets.	QUANTITÉS dont le PRÉLÈVEMENT est autorisé.	DATES EXTRÊMES de restitution du matériel à la réserve de guerre.	OBSERVA-TIONS.
som-maire.	détail-lée.				
1	2	3	4	5	6

A Paris, le   19   .

Par délégation spéciale du Ministre :

Le Directeur d

Vu :

Le Directeur du contrôle,

<table>
<tr><td>

MINISTÈRE
DE LA GUERRE.

___

(1) Désigner le corps ou l'établissement.
(2) Sous-intendant, Sous-Directeur, Commandant de l'artillerie, Chef de l'établissement, Chef du génie ou Médecin-chef.

Confidentiel.

</td><td>

RÉSERVE DE GUERRE.

———

SERVICE D

———

PLACE D

———

(1)

———

</td><td>

N° 374 G
de la nomenclature.

===

MODÈLE N° 54 A.

—

Art. 7 de l'instruction du 30 décembre 1902.

</td></tr>
</table>

CARNET DES PRÉLÈVEMENTS TEMPORAIRES

———

Le présent carnet, contenant   feuillets, a été coté et paraphé par nous (2)

A   , le   19   .

Ce carnet n'a pas de durée limitée.

Un extrait de ce carnet en double expédition, certifié par le Conseil d'administration ou le chef de service, est adressé trimestriellement au Ministre, en vue de faire connaître les quantités prélevées et non remplacées dans les délais fixés. La 1ʳᵉ expédition est envoyée, sous le timbre de la direction à laquelle ressortissent les approvisionnements prélevés, la 2ᵉ sous le timbre de la direction du contrôle.

NUMÉROS de la NOMENCLATURE par unité		DÉSIGNATION DES OBJETS.	PRÉLÈVEMENTS.			
sommaire.	détaillée.		NUMÉROS des autorisations ministérielles	DATES des autorisations ministérielles.	DATES des prélèvements.	QUANTITÉS prélevées.
1	2	3	4	5	6	7

DÉSIGNATION DU MAGASIN OU DU LOT où le prélèvement a été fait.	RESTITUTION.			OBSERVATIONS.
	DATE FIXÉE par l'ordre ministériel pour la reconstitution de l'approvisionnement.	DATES des restitutions partielles ou totales.	QUANTITÉS restituées à chacune des dates de la colonne 10.	
8	9	10	11	12

MINISTÈRE
DE LA GUERRE.

COMPTABILITÉ-MATIÈRES

Année du compte don-
nant lieu à rectifi-
cation........... } 19
Année du compte sur
lequel la rectifica- } 19   D
tion a été faite....

Place d

M.

SERVICE COURANT
ou
RÉSERVE DE GUERRE.

FEUILLE DE RECTIFICATION.

ENTRÉE (*ou* SORTIE).

SERVICE

comptable.

MODÈLE Nº 55 (1).

Art. 64 de l'instruc-
tion du 30 décem-
bre 1902.

(1) Modifié par circulaire
du 17 mai 1917, *B. O.*, p.
1368.

NUMÉROS de la NOMENCLATURE par unité		NUMÉROS DES PIÈCES justificatives		DÉTAIL DES RECTIFICATIONS.	QUANTITÉS à porter EN ENTRÉE (ou en sortie)
sommaire	détaillée.	d'entrée.	de sortie.		
1	2	3	4	5	6

Les feuilles de rectification sont pour les entrées sur papier blanc (*service courant*) ou sur papier jaune (*réserve de guerre*); pour les sorties, sur papier gris bleuté (*service courant*) ou blanc (*réserve de guerre*)

NUMÉROS de la NOMENCLATURE par unité		NUMÉROS DES PIÈCES justificatives		DÉTAIL DES RECTIFICATIONS.	QUANTITÉS à porter EN ENTRÉE (ou en sortie)
sommaire.	détaillée.	d'entrée.	de sortie.		
1	2	3	4	5	6

A Paris, le   19   .

Pour le Ministre et par son ordre

Le Directeur,

MINISTÈRE
DE LA GUERRE.

COMPTABILITÉ-MATIÈRES

—

DIRECTION

—

BUREAU

d

ANNÉE 19 .

MODÈLE N° 56 (1).

—

Art. 75 et 76 de l'ins-
truction du 30 dé-
cembre 1902.

SERVICE

D

ÉTAT GÉNÉRAL

présentant, par chapitre de la nomenclature, la valeur du matériel compris dans les comptes de gestion produits par les corps de troupe ou établissements assimilés, ainsi que le montant en deniers de la reprise d'inventaire au 1er janvier précédent.

(1) Modifié conformément à la circulaire du 27 décembre 1913 (B. O., p. r., page 1733).

(*) Dénomination du chapitre de la nomenclature.

DÉSIGNATION des CORPS D'ARMÉE.	(*) CHAPITRE Iᵉʳ.				(*) CHAPITRE II.				(*) CHAPITRE				(*) CHAPITRE				VALEUR TOTALE du matériel par corps ou établissement au 31 décemb. 19 .		REPRISE D'INVENTAIRE au 1ᵉʳ janvier précédent.	
	Valeur au 31 déc. 19 .		Montant de la reprise d'inventaire au 1ᵉʳ janv. 19 .		Valeur au 31 déc. 19 .		Montant de la reprise d'inventaire au 1ᵉʳ janv. 19 .														
	Service courant.	Réserve de guerre.	Service courant.	Réserve de guerre.	Service courant.	Réserve de guerre.	Service courant.	Réserve de guerre.	Service courant.	Réserve de guerre.	Service courant.	Réserve de guerre.	Service courant.	Réserve de guerre.	Service courant.	Réserve de guerre.	Service courant.	Réserve de guerre.	Service courant.	Réserve de guerre.
TOTAUX																				

Arrêté le présent état s'élevant à la somme totale de

A Paris, le   19

Vu :   *Le Chef de bureau,*
Le Directeur,

MINISTÈRE
DE LA GUERRE.

COMPTABILITÉ-MATIÈRES

ANNÉE 19

MODÈLE N° 57

Articles 74 et 76 de l'instruction du 30 décembre 1902.

SERVICE

D

ÉTAT GÉNÉRAL

de la valeur, par chapitre de la nomenclature, du matériel existant dans les ateliers au 31 décembre 19   .

(ou)

existant dans les établissements du casernement au 31 décembre 19   .

NOTA. — On ajoute, quand il y a lieu, à ce modèle des intercalaires laissant à découvert la 1re et les deux dernières colonnes.

Dénomination des chapitres.

DÉSIGNATION des DIRECTIONS ou des établissements.	CHAPITRE Ier. (*)		CHAPITRE II. (*)		CHAPITRE . (*)		CHAPITRE . (*)		CHAPITRE . (*)		CHAPITRE . (*)		VALEUR TOTALE du matériel par direction ou par établissement.	
	Service courant.	Réserve de guerre.	Service courant.	Réserve de guerre.	Service courant.	Réserve de guerre.	Service courant.	Réserve de guerre.	Service courant.	Réserve de guerre.	Service courant.	Réserve de guerre.	Service courant.	Réserve de guerre.
Totaux.....														

Arrêté le présent état à la somme totale de

A Paris, le   19

Vu :   *Le Chef de bureau,*

Le Directeur.

TABLE DES MODÈLES

TABLE CHRONOLOGIQUE

CHARLES-LAVAUZELLE ET Cie. — PARIS, LIMOGES, NANCY.